「ご縁の国」の絆で、〃今〃そして〃未来〃を変える挑戦

島根の注目30社

上の句編

遠藤 彰

株式会社BEANS 代表取締役CEO

ダイヤモンド社

はじめに

今回の『島根の注目30社』企画は、NPO法人喜八プロジェクトが展開する「地元に帰ろう　帰ってこいよ！　キャンペーン」と、ダイヤモンド社の連携企画として出版されるものです。進学で都会に出た若者の7割がそのまま都会を生活の地として選んでしまう――そんな状況を逆転させようという取り組みです。キャンペーンのテーマは、「都会にないものが、ある！」です。地域の人たちから「地元には、何にもない！」とよく聞きます。ないのではなく、あるものを見ようとしていないだけではないでしょうか？

古代から続く歴史の舞台で、ご縁を大切にして営まれる生活や企業経営こそがほかの地域にはないオンリーワンなのではないでしょうか？　地域の若者や保護者のみなさまに、掲載企業の魅力だけではなく、この地の豊かな暮らしや働く誇りを伝えられればと思っております。

『島根の注目30社』出版のお話を聞いたときに、まず浮かんできた言葉が「ご縁の国　しまね」でした。私は、島根県のお隣、鳥取県米子市を中心に企業の経営人財育成のお手伝いをしております。島根県の企業さまとも多く仕事をしておりますが、小さなご縁も、そのご縁を大切に！　大切に！　つなぎ合わせていくイメージがあります。まさに、ご縁をつなぐ積み重ねが「しまね」を支える力となっているのではないでしょうか？

そこで、上の句編、下の句編と2冊からなる『島根の注目30社』のメインテーマを『「ご縁の国」の絆で、〝今〟そして〝未来〟を変える挑戦』とさせていただきました。

弊社は、経営者育成のための異業種交流型勉強会「豆塾」を米子市と鳥取市で開講しておりました。山陰の拠点となる松江市でも開講を検討しておりましたが、人縁も地縁も少ない島根の地で事業をスタートすることに苦慮しておりました。そんな私どもに大きなご縁をいただいたのが島根県中小企業家同友会でした。ご承知の通り、全国規模で展開する企業経営者の学びの場です。企業経営者同士が切磋琢磨しながらよい企業をつくることを目指している会です。

島根の地で自社の経営に真摯に向き合い試行錯誤している仲間に出会い、我々もメンバーに加えてもらいました。

本書を出版するにあたり、何か企業選定の基準が必要と考えておりましたが、中小企業家同友会が掲げる3つの目的を企業選定のベースとして採用することとしました。

1　いい会社をつくろう

2　いい経営者になろう

3　いい経営環境をつくろう

今回紹介する企業の中には、すでに理想とする姿の実現に近づいている企業もあれば、道半ばの企業もあります。この本への掲載をきっかけに目指すべき企業への一助となれば幸いです。

株式会社ＢＥＡＮＳ　代表取締役ＣＥＯ　遠藤　彰

もくじ

上の句編　島根の注目30社

「ご縁の国」の絆で、〝今〟そして〝未来〟を変える挑戦

第2章

地域の基盤を支え続ける島根の注目企業

第3章

オンリーワンを突き進む島根の注目企業

下の句編

技術力で社会に貢献する島根の注目企業

文化・教育に力を注ぐ島根の注目企業

山陰の食を活かし、食にこだわる島根の注目企業

島根県知事　丸山達也氏

島根の多様な魅力をいかに伝えられるか

豊かな自然や歴史、文化、食の恵み、暮らしやすさ……

少子高齢化、人口減少に悩まされながらも、「合計特殊出生率」や「働く女性の割合」では、全国でトップクラスを誇る島根県。利点をどう活かせるのか。

たたら製鉄に代表される特殊な技術は今も受け継がれ、付加価値の高い製品づくりに役立っている。一次産業も魅力的だ。また、コロナ禍では、温かい県民性が明らかになった。

見直される要素はたくさんある。丸山知事から見た「島根の魅力」とは？

丸山達也（まるやま・たつや）
1970年福岡県出身。東京大学法学部卒業後は、自治省へ入省。埼玉県総務部財政課長、総務省自治財政局交付税課課長補佐などを務めた後、長野県飯田市で副市長に就任。その後も、島根県政策企画局長、総務省消防庁国民保護室長などを務めた後、総務省を退職。2019年、島根県知事に立候補して当選。現在1期目。座右の銘は「積小為大（小を積みて大と為す）」と「臨機応変」。

リアルな数字を追えば、見えてくる島根の本当のアドバンテージ

——「島根創生計画」が進んでいます。まず、県の人口減少の対策から教えてください。

丸山　島根県は確かに人口減少が進んでいますが、「出生率」は都道府県のランキングでは常に上位[※1]に入っています。実は、子育てをたくさんしている県なんです。

これまでの一般的な理解では、島根では、2世代3世代での同居や近居が多く、子育て世代にとっては、おじいちゃん、おばあちゃんのサポートを受けやすい——これが島根の大きなアドバンテージと考えられていました。

しかし、若年層の人口減少によって高齢者雇用が進み、65歳を過ぎても働き続けている方が増えてきました。つまり、子育てでおじいちゃん、おばあちゃんにはもう頼れない。これが今のトレンドです。

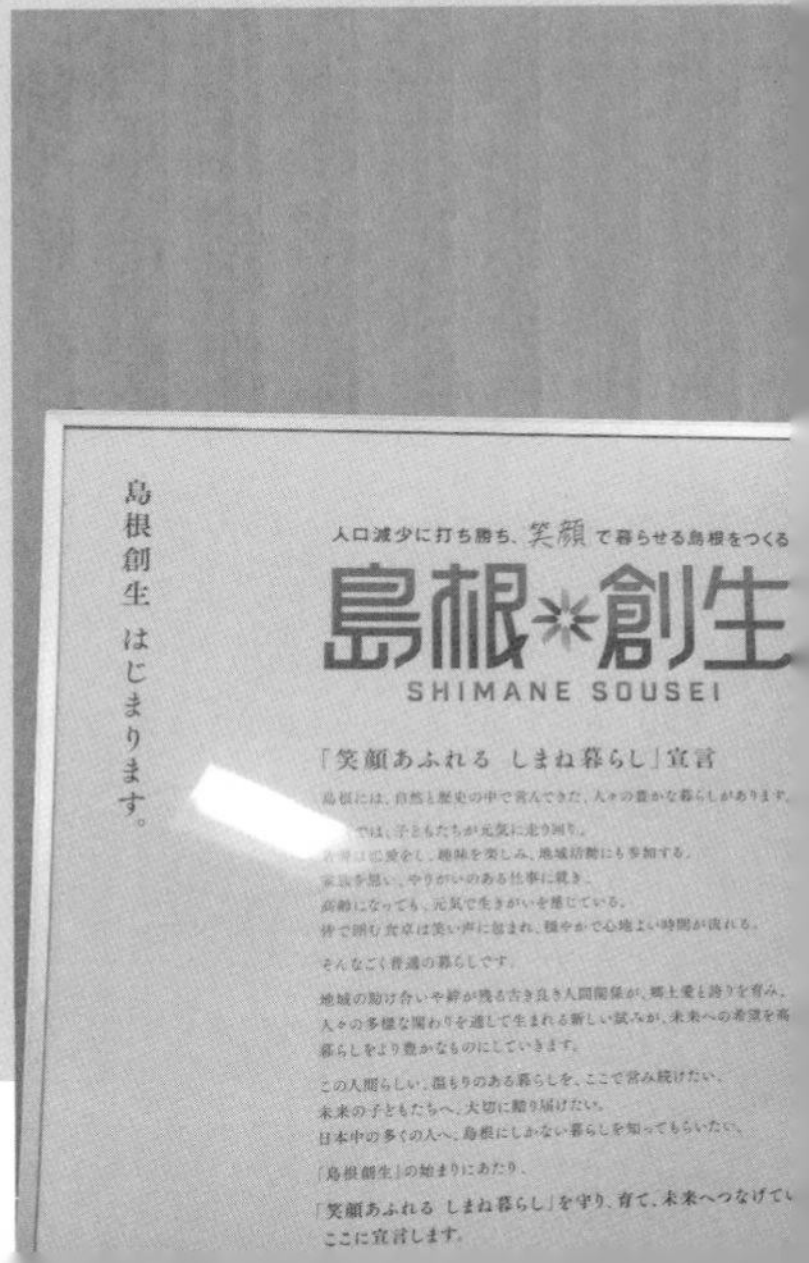
島根創生　はじまります。
人口減少に打ち勝ち、笑顔で暮らせる島根をつくる
島根創生
SHIMANE SOUSEI
「笑顔あふれる しまね暮らし」宣言

※1　合計特殊出生率は1・62で全国第4位（2021年人口動態調査）

より出生率を上げていくためには、より手厚いサポートが必要になります。

大都市圏では、保育の待機児童をなくしていくことが大きな課題となっていますが、島根県ではすでに待機児童はほぼゼロとなっており、次の段階が望まれています。

たとえば学童保育について考えてみますと、小学校に入ったからといって、お子さんが一人で留守番できるわけではありません。学校から帰ったあとのお子さんの居場所づくりは、親御さんにとって安心できる政策です。

子育てをしやすい環境を充実させていくことで、子育てに取り組む人たちを増やしていく。一方では、家庭で子どもを育てやすい環境をつくっていく。両面からの取り組みで人口減少に歯止めをかけられると考えています。

人口の「社会減」の対策は、職の選択肢の多様化と女性活躍

――「社会減」についてはいかがでしょうか？

丸山　島根では、地元に就職する若者が１００％ではない、という現実があります。

今回もこの書籍で30社の県内企業を取り上げていただきますが、そのような企業を18歳や22歳の若者が必ずしも選択肢としてイメージできていない、ということです。

島根の特徴ある産業として、まずあげられるのが特殊鋼産業です。

砂鉄を用いた日本古来のたたら製鉄の技術と伝統は現在も脈々と生き続けています。県東部の安来地域を中心に、技術を発展させ、付加価値の高い製品を作っている企業はいくつもあります。

一方、イワガキの養殖のような一次産業も島根の大きな特徴です。養殖を確立したのは隠岐の西ノ島町の漁師の方で、今では隠岐全体でイワガキの養殖が行われています。

島根電工（34ページ）さんのように、電気工事に限らずご家庭の細かなニーズに応えるサービスを提供している企業もあります。フランチャイズとして県外でも同様のサービスを広げており、少子高齢化で生じるニーズを集め、独自のマーケットを作り出しています。

ほかにも、全国に誇るべき企業は数多くあります。

古いものを残したり伸ばしていくだけでなく、チャレンジしてまったく新しいことにも取り組んでほしい。県内の企業には攻めも守りも同時に取り組んでもらっています。

――女性の活躍も県として応援しています。

丸山　島根は、女性が仕事を持つ率も全国でトップクラス（働く女性の割合が全国第1位※2）で、子育て世代の女性の働く割合も全国第1位※3です。とはいえ、多くの企業はまだまだ男性中心に動いていますので、あらゆる分野で女性が男性とイコールの立場で、個性と能力を発揮できる

※2　15才～64才の女性の労働力率78・6％（令和2年国勢調査）
※3　25才～44才の女性の労働力率88・7％（令和2年国勢調査）

社会にしていくことが必要です。

しかし、まだまだ家事・子育て・介護は女性の負担が大きいのが現状です。これらは男女が協力して行うことが当たり前にならなければなりません。女性の家庭での負担を減らし、社会でより活躍していけるよう、県ではそのための政策にも数多く取り組んでいます。

また、女性が就きやすい、就きたくなる仕事を増やすことも課題です。女性が望む職場としては、たとえば事務系の職場や観光産業、サービス業、接客業などが考えられます。

島根県は「美肌県」としてPRしていますが、これは大手化粧品メーカーの「美肌県グランプリ」で全国1位になったことで始めました。これがきっかけで玉造温泉の温泉水で作った化粧水や、温泉の成分をブレンドした石鹼、クリームなどの開発が進み、そこでは多くの女性たちが関わりました。そんな機会をどんどん作っていきたいですね。

県外からの移住者を増やす二つのアプローチ

――県外から移住する方、あるいは戻ってくる方のための対策はいかがでしょうか？

丸山　私が県知事になったとき（2019年4月）に思ったことは、Uターン、Iターンの（候補となる）方へのアプローチは、変える必要があるということです。

Iターンの方へは、島根そのもののよいところをどんどんお知らせしていけばよい。一方、U

ターンの方は、進学や就職で島根を出ていった方が多いため、島根のよくないところもご存知です。それを払拭するために今、県が力を入れているのが「ふるさと教育」です。

豊かな自然や固有の歴史や文化など、生まれ育った土地について改めて学び、ふるさとへの愛着や誇り、貢献意欲をさらに高めてもらうことを目的にしていますが、現実的な面でも、島根を見直してもらえるところはたくさんあります。

たとえば、島根は運転免許を取得すれば、生活はぐんと快適になりますので、モータリゼーションが最も進んでいるところです。しかし、18歳までしか島根にいなかった方にはそこまでなかなか伝わっていないことは十分に考えられます。

すでにお話しした「待機児童ゼロ」も、島根では、お子さんを車で送り迎えすることが当然のようになされていることで成り立っている面があります。たとえ自宅の近くに保育園を見つけられなくとも、通勤途中に見つけることができるからです。

東京の都心では、通勤のついでにと満員電車に小さなお子さんを乗せるわけにはいきません。どうしても徒歩か自転車で保育園へ連れていくしかなく、選択肢が限られているため、「待機児童」問題が発生します。しかし、島根ではそういった心配はありません。

見方を変えれば、あるいはライフステージが変われば、島根のよさが改めて見えてきます。このような例はいくらでもあるんです。

コロナ禍を通じてわかったのは、島根の「人を思いやる県民性」

――若い人が島根から出ていくのは、親御さんが「仕事がない」と言っているからという面があります。知事から親御さんたちにメッセージを。

丸山　私のところは長男が23歳で次男が19歳、長女が17歳ですが、やはりどうしても「いい親」になろうとして「自由にしていい」と言ってしまいます。自分の考えを押し付けるのはよいことではないと、つい「自分で決めていいよ」「好きにしなさい」と……。

しかし、本音を言えば、同居するかどうかは別にして、家族は近くにいたほうがいいと思います。それに「自由な選択」といっても、都心で働き続けることには非常に厳しい面があり、それも踏まえた上での「選択」なのでしょうか……。自分たちが住ん

コロナ禍によって、島根県の他者を思いやる県民性、他者に気を遣う県民性が明らかになったと思います。温かみのある人が溢れていることが改めてわかりました。それはお金では決して買えない島根の魅力です。

でいる島根の本当のよさをきちんと伝えた上での「選択」なのでしょうか……。

生まれ育ったところで暮らす「選択」もまた素晴らしいことだと、自信を持って自分の言葉で伝えられるようにしたいですね。

――最後に島根の魅力を、ぜひ丸山知事の実体験から教えてください。

丸山　島根県の魅力は、今回の新型コロナウイルスの感染拡大でも非常に明確になりました。県民のみなさんが、自分の行動が周りにどういう影響を及ぼすのか、そのことに深く思いを巡らしながらいつも行動されています。

たとえば、介護施設では、お勤めの方は同居しているご家族も含めて県外に移動しないようにしたり、出勤を控えるなどの「自制」をしている例があります。県知事としてお願いすることは当然守っていただきながら、プラスアルファとして、みなさん実に多様な感染対策をしていただいているんです。

コロナ禍によって、島根県の他者を思いやる県民性、他者に気を遣う県民性が明らかになったと思います。温かみのある人が溢れていることが改めてわかりました。それはお金では決して買えない島根の魅力です。

ぜひ多くの方に、こんな温かみの溢れるコミュニティーで生きていくことの価値を知っていただきたい。多くの方に島根に戻ったり、移り住んだりしていただきたいと考えています。

――どうもありがとうございました。

※ 本記事は、2021年10月6日に行われたインタビューをもとにまとめられたもので、掲載内容は取材当時のものです。

第1章

地域密着型サービスに邁進する島根の注目企業

建築工事

株式会社金見工務店

“誠実”な仕事から生まれる
信用を土台に、自律的に動く
社員とともに、地域の住まいを
超えた暮らしを支える

建築だけでなく、土木や木工製品の製造など、ありとあらゆる“暮らし”に携わっている

設立／1978（昭和53）年（創業1948〈昭和23〉年）
事業内容／建築工事、土木工事、家具・建具等の木工製品の製造販売等
資本金／3000万円
従業員数／52人（男性39人・女性13人） 2021年9月時点
所在地／〒690-0015 島根県松江市上乃木2丁目18-1
URL ／ http://kanami-k.jp/

お客さまの困りごとには依頼があるかぎり、とことん対応

「先方から連絡はなくても、こちらから1年に一度は顔を出して、お茶でもいただきながらお客さまと接点を作っていきます。修理が必要なところは？　お客さまの健康は？　建物のことばかりでなく、ちょっとした会話から不自由に感じていることに耳を傾け、家とともにそこに住む方々の健康も見守りたい。そんな思いから始めた活動です」

松江市に本社を置き、建築、土木、家具・建具といった木工製品の製造など、建築全般に携わる金見工務店。従業員は52人、活動範囲は松江市内とその周辺に限られているが、地域に密着した立場を最大限活かしてユニークな活動を続けている。

1 「健康見守り隊」の活動の脚となっている「まめなか号」
2 2018年、創業70周年を記念して開催された「お客様感謝祭」
3 水回りのリフォームなど、小さな工事でも柔軟に対応している

その活動の一つである「住まいと身体の健康見守り隊（以下、健康見守り隊）」について、金見誠司社長が説明してくれた。

「高齢化が進む地域を見て、少しでも貢献ができないかと、2017年に専属の女性社員を採用して、きちんとした形にして始めたのが『健康見守り隊』でした。OB顧客の個人宅を回るのですが、今では年間約700件を訪問しています」

「OB顧客」とは、かつて金見工務店で家を新築したり、リフォーム工事を行った顧客などのこと。現在、訪問を担当する営業部の専属の女性社員のほか、建築部の男性社員3人が対応にあたっている。

金見工務店の代表取締役社長、金見誠司氏

仕事を作ることが目的ではない。顧客との接点を作り、「困ったときに相談してもらえる」関係を作り、「何かあれば思い出して、最初に声をかけてもらえる存在」（金見社長）になるためだという。

とはいえ、実際に小口の仕事につながることは少なくない。窓やドアのリフォーム、ドアフォンの取り替え、雨漏りの修理、瓦屋根の取り替え、ほかにもキッチン、浴室、外壁などの小さな工事の依頼が次々と舞い込んでくる。

神社からは、絵馬の制作を依頼されたこともある。金見工務店の家具部門が対応した。
本業の建築には関係のない、引っ越しの手伝いなどの依頼もあるが……。
「困ったことならなんでも相談に乗るという姿勢なので、基本的に断わることはありません。自分たちでやるのか、誰かを紹介するのかという違いはありますが、お客さまの相談に乗るという姿勢は変わりません。今では何を言われても驚かなくなりました（笑）。応じる担当の社員は大変だと思いますけどね」（金見社長）
地元の銀行が所有する遊休地やチェーンストアの駐車場の草取り、冬の雪かきの仕事もある。害虫駆除やお墓掃除も行っている。

地域で暮らす人たちとの距離を詰める情報誌「まめなか号が行く！」

地域に密着することで、ニーズを汲み取ろうとする姿勢は、同社の「まめ活」にも現れている。

「『まめなかや？』っていうのはこっちの方言で『元気か？』ってことなんですが、『まめ活』と称して、月に2回、エリア限定で情報を提供しています。セミナーでランチェスター戦略を学んだので、限られたエリアでシェアを高め、そこでトップシェアを取ろうと考えました。それが実現できれば、また隣のエリアでシェアを増やしていく。そうやって事業エリアを徐々に広げていこうという考えです。また、これからの働き方改革も念頭に、業務の効率化を考え、できるだけ

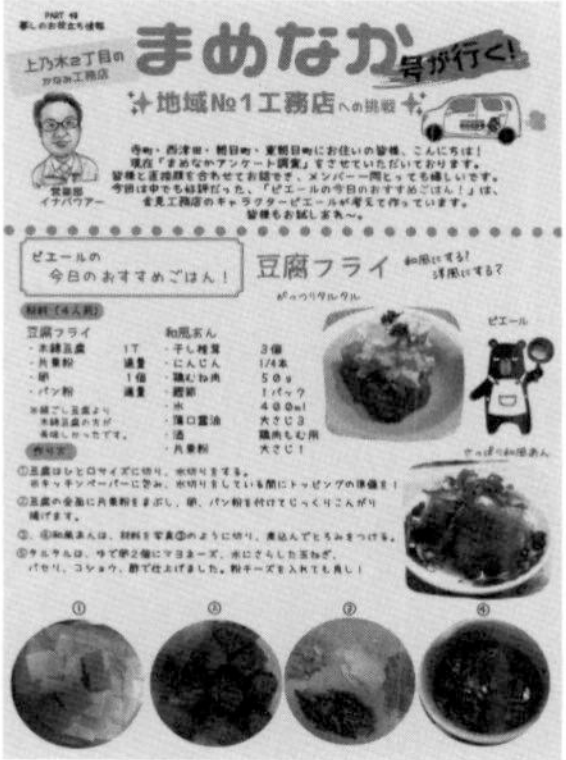

月に2回発行されている情報誌「まめなか号が行く！」

会社に近いエリアの仕事を増やしていきたい、という狙いもあります」（金見社長）

A4表裏カラー1枚のチラシ「まめなか号が行く！」は、どこにもない〝ユニークな情報誌〟だ。「まめなか号」とは「健康見守り隊」の脚となっている会社の軽自動車のこと。紙面には、「健康見守り隊」のメンバーをイラストで紹介したり、活動から実現したリフォーム工事のビフォー・アフターを写真で紹介したりと、「健康見守り隊」に関する情報提供が基本。ほかにも、夏には繊維の細い網戸に替えれば通風量がアップして快適になるとか、台風の季節には、窓にシャッターをつければ安心など、ちょっとした工夫で暮らしが便利で快適になる情報もたくさん掲載されている。

建築工事の手順、断熱や防音、結露防止の仕組みなど、難しそうな話も写真やイラストで解説されているので、見た目に楽しく、なるほどとうなずける読み物になっている。金見工務店のオリジナルキャラクターである、くまのピエールの「今日のおすすめごはん！」も人気だ。商品が並んだ多くのチラシとは一線を画す、地域の暮らしのための情報誌になっている。

当初は月1回の発行だったが、現在は月2回、会社周辺の小学校区の500～600世帯に絞り込んでポスティングを行っている。限られたエリアでの知名度を徹底して上げる戦略だ。

「反響は大きいですね。『私、これのファンなんです。毎回読んでいます』とか『バックナンバーとして全号保管しています』と言っていただくこともあります。紙面に営業の社員がイラストでイナバウアーというアダナで登場するんですが、地域の方にすっかり顔を覚えられて、全然知らない方から突然『あなた、イナバウアーでしょ』と言われたとか（笑）。地域の方々との距離を縮めるのに貢献してくれているのは間違いないですね」（金見社長）

急遽、社長に就任してから、退職者が続出。人財塾の講義を受け、人を大事にする経営の大切さに気づく

金見家は、代々大工の家でその歴史は江戸時代まで遡るという。現在の金見誠司社長の祖父も大工だったが、そろばん勘定もできたため工務店を創業した。１９４８年のことだ。

2代目として引き継いだ金見社長の父親は、ゼネコンで働いた経験があったため、ゼネコンからの注文で仕事の規模が一気に広がったという。

現在の金見社長も大学と大学院で建築を学び、東京のゼネコンで現場監督として働いた。27歳のとき、父親の体調が思わしくなく帰郷し、金見工務店の経営に加わった。その後も1級建築士の資格を取って現場の一線で働いていたが、34歳のときに父親が亡くなったことで急遽、社長に就任することになった。

「父親の代にはすでに公共工事は少なくなり始めていましたが、私は単純に引き継ぎ、そのまま惰性のように経営していただけでした。当然、売り上げは落ち、気づいたときにはかなり悪い状態に落ち込んでいました」（金見社長）

会社の業績が悪ければ、社員の給料やボーナスもそれに応じて下げればよいとドライに対応したところ、退職者が続出した。

「そこまできて初めてこのままでは〝まずい〟と気がつきました。社長になって5年後のことでした」（金見社長）

島根県が開催する人財塾に通い、法政大学の坂本光司教授（当時）の講義を受けた。人を大事にする経営の大切さに気がついた。

まず何より社員を大事にすること。そうすれば社員は顧客を大事にするようになる。

そこで大工をはじめ鳶、土工、家具工などの職人を、本人の希望に応じて、日給から出勤日数保障のある日給や月給社員にすることにした。一般に同業者は職人を外注として仕事があるときだけ雇うことが多い。大工は一人でなんでもこなす技術を持ち、同時にそれにより得られる信用を大事にする。先祖代々の考え方を引き継ぎ、職人を社員とすることで、安心して仕事に集中でき、技術を磨ける環境を作ろうとした。顧客からどんな要望が出ても、高い技術を持つ職人が社員として会社にいればすぐに応えられる。

プロジェクトチームの活動で顧客の満足度がアップ

プロジェクトチームによる活動も始めた。

「私には先代のようなカリスマ性があるわけではなく、トップダウンでやるのは難しいと思っていました。ですからみんなに考えてもらって自ら動ける会社にしなくてはいけない。福利厚生の社員旅行など、簡単なところから始めて、テーマそのものも社員から提案してもらうことにしました。採用ならば予算をつけ、人もつけてチームで活動していきます。社員たちは自分たちで考え動き、チームを引っ張っていきます」(金見社長)

プロジェクトのリーダーには将来の幹部候補生を選んだ。当初は何をしていいのか社員たちは戸惑ったが、やがて興味深いテーマが提案されるようになった。

会社の「情報発信」をテーマにプロジェクトチーム活動で生まれたのが「まめ活」――「まめなか号が行く!」の発行だ。

金見工務店には、現在、本社キャラクターの「かな太郎」、工務グループの「ピエール」、家具木工部の「せかい君」というキャラクターがいるが、それらも「会社のキャラクターづくり」のプロジェクトから生まれた。

顧客の満足度を上げるべくプロジェクトを作り、知恵を絞って出てきたのが、新築時施主と一緒に柱を建てたり、建材を利用した記念品作りなどの顧客の「携わり体験」だった(詳細は後述)。

福利厚生関連のプロジェクトからは、顧客アンケートでの満点や賞賛、資格取得などに応じてポイントがもらえ、そのポイントが3ポイント以上になると賞金がもらえる「スリーポイント制度」などが誕生し、活動は現在も続いている。

コロナ感染防止のため、現在は社員揃っての社員旅行は控えているが、その代わり松江市内約30店のOB顧客となる飲食店からテイクアウトできる「味ワイ隊」の仕組みを作った。イベント時や後述する勉強会など、何人かが顔を合わせる機会に利用している。

お客さまからのいい言葉も悪い言葉も、社員にとっては〝宝〟の言葉

現在、金見工務店が行う工事は年間1200件から1300件、そのうち新築工事は年間10～20件ほどにのぼる。注文を受けると、初めから営業とともに設計士が顧客のもとに出向くようにして、顧客の要望をその場で実現していくようにする。

設計が決まり建築が始まれば、希望者には「携わり体験」をすすめる。施主に家づくりの一部を一緒に手伝ってもらうのだ。家の土台ができ構造物を組み上げていく建方《たてかた》の初日に1本目の柱を施主に立ててもらう。あるいは、社内の家具職人と一緒に、実際に作る家具の一部を製作してもらう。使用する建材を用いて記念の小物を製作することもある。

「多くのお客さまにとって、家は一生に一度の買い物。家づくりの一部に携わったり、一緒に手

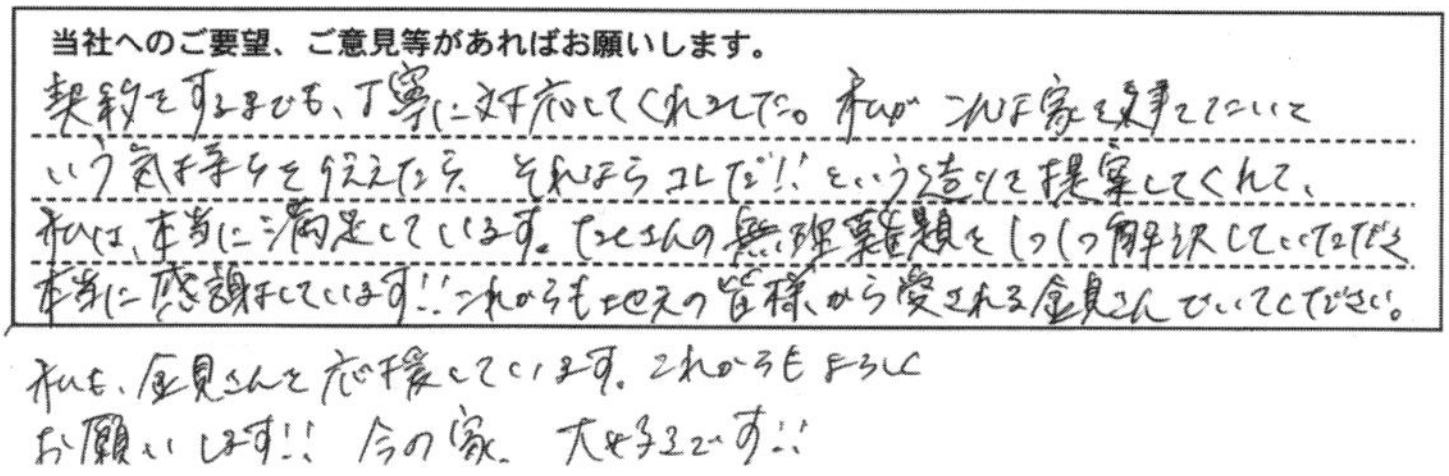
当社へのご要望、ご意見等があればお願いします。
契約をするまでも、丁寧に対応してくれました。私が こんな家を建てたいという気持ちを伝えたら それならコレだ!!という造りで提案してくれて、私は、本当に満足しています。たくさんの無理難題をしっかり解決していただき本当に感謝しています!! これからも地元の皆様から愛される金見さんでいてください。
私も、金見さんを応援しています。これからもよろしくお願いします!! 今の家、大好きです!!

お客さまから寄せられた言葉

を加えていただくことで、より思いがこもります」（金見社長）

また、新居の完成の際には、金見社長自ら引き渡しに立ち会う。引き渡し後約1カ月で住み心地のアンケートを実施し、1年後、2年後、5年後、10年後にも定期的にアフターメンテナンスを続けることで、顧客の安心感を生んでいる。

年間に取り扱う1200～1300件の案件のほとんどを占めているのがリフォームをはじめ小口の工事。新築が口コミによる問い合わせが多いのに比べ、こちらは「健康見守り隊」や「まめ活」の効果が大きく、新規の顧客が直接、会社へ連絡してくることが増えた。

リフォームなどの工事でも、全件ではないが、総務の担当者が任意に顧客を選んでアンケートを依頼している。顧客からかけられる言葉が、社員にとって何より貴重な体験だという。

「社員のモチベーションのためには、お客さまの言葉が一番です。僕らが褒めるよりよほど効果があります。直接、言ってもらえればそれは最高ですが、そうではなくとも、お客さまがアンケートに書いてくださった言葉は、社員にとっては〝宝〟です。いい意味でも悪い意味でも〝宝〟なんです」（金見社長）

社長や上司から社員に声をかけるときも、アンケートの結果を持参しながらであれば、社員の受け止め方はまったく違う。アンケートの回答の一部は顧客の許可を取り、会社のホームページに直筆のまま掲載している。

見えてきた課題に誠実に向き合い、地域ナンバーワン工務店を目指す

２０２１年春、金見工務店では一斉に代替わりをした。

「かつての部長クラスは、先代のブレーンを務めていただいていた60~70代の社員でしたが、一気に40代から50代前半の社員への代替わりを促しました。新しく部長職になった社員たちは、かつてプロジェクトでリーダーを務めてくれた人たちです。人をまとめ、一つの目標に向かって引っ張っていく。みんなそんな経験をしてきました」（金見社長）

今も金見工務店では人材の育成を熱心に行っている。まず社内では、一級建築施工管理技士や一級建築士をはじめ、建築関係の資格の取得を奨励して、その費用の四分の一から半分は会社の負担にして、「建築のプロ」が増えるようにしている。

「かな太郎塾」という名の勉強会も続けている。新しい幹部の勉強会、新入社員による勉強会、2年目の社員の勉強会など、お互いに話しやすい少人数の勉強会を企画し、そこで本音をぶつけ合うようにしている。

「給料を上げてくれという声も出ます（笑）。言ったあとに『いや冗談です』と言われるのですが、冗談になっていないだろうと（笑）。足りないことは自覚していますから、ベースアップを約束しました」（金見社長）

課題も見えてきた。今の悩みは人手が足りないこと。ここ数年で「健康見守り隊」や「まめ活」などの新しい企画を立ち上げ、いずれも好評で担当者たちはやる気に満ちているが、個人のがんばりに頼るだけには限界がある。組織的な対応が必要になるだろう。

もう一つ、今まで少人数で建築全般を扱ってきたが、今の若い世代にとっては一人で多種多様な建築業務に幅広く対応していくのが難しくなっている。また会社としても、「すべてをやることが逆に弱点」（金見社長）との見方もあり、得意分野を探り、さらに伸ばしていくことについても検討の必要性を感じている。

「基本的にみんな真面目で誠実です。地域ナンバーワン工務店を目指して、売り上げや利益はもちろん、何よりも誠実さとそこから生まれる信用を大事にしていきます」

「誠実」を掲げる理念に共感して、集まってくる仲間が増えつつある。

急速な拡大ではなく、年輪を刻むように時間をかけて身の丈にあった成長をしていきたいという。木材でも年輪間隔の小さい木のほうが強いように。そうすることでこの地域に永続し、本当の意味で地域貢献ができるようになるからだ。

地域密着型サービスに邁進する島根の注目企業

電気設備工事

島根電工株式会社

地域で厚い信頼を得た「住まいのおたすけ隊」建設業ではなく、サービス業として、人の幸せを追求する

島根電工では、電気工事だけでなく、家庭のあらゆる困りごとにも対応してくれる

設立／1956（昭和31）年

事業内容／電気設備工事、給排水、衛生＆空調設備工事、通信設備工事等

資本金／2億6000万円

従業員数／414人（グループ総従業員659人）※2022年6月21日現在

所在地／〒690-0842 島根県松江市東本町5丁目63番地

URL／https://www.sdgr.co.jp/

※本記事は、2021年1月に行われたインタビューをもとにまとめられたもので、掲載内容は取材当時のものです。

「ウチは建設業ではない。サービス業である」

山陰地方で知らない人はいない。そういわれている企業が島根電工だ。松江市に本社を置き、主に島根県と鳥取県で電気、通信、空調工事などの電設工事や水道工事に携わっている。業界で名が知れているのは、電設工事では島根県内でトップ企業だから。そこは当然としても、ごく一般の人にまで知れ渡っているのは……、「たすけたい、たすけたい、あなたの住まいをたすけたい！……」と、作業服姿の社員が連呼しながら行進する同社の「住まいのおたすけ隊」のCMがあまりにも有名だからだ。地域の人たちの脳裏に強烈に刻まれている。

「住まいのおたすけ隊」とは、２０００年代初め頃から本格的に島根電工が始めた、一般家庭向

1 松江市にある島根電工株式会社の本社
2 島根で知らない人はいないほど有名な、島根電工のCM「住まいのおたすけ隊」
3 島根電工では、お客さまの「期待を超える感動」を実現するため、さまざまな研修が行われている

けの小口工事のことだ。コンセントの増設やエアコンの取り付け、照明器具の交換など、家庭での電気工事を指すが、要望があれば電球を取り替えるようなごく簡単な作業や換気扇の掃除、ときにはきしむドアに潤滑剤をさすようなことにまで応えていく。

一般家庭のお困りごとを解決し、「快適な空間を提供する」同社の姿勢を象徴するサービスとして、現在、売り上げの4割強を占める。島根電工の代表的な事業であり、前述のように山陰で広く知られるまでになっているのだが、道のりは決してたやすいものではなかった。いくつもの抵抗を乗り越えた後、確固たる事業として認められた。生みの親が、現在の荒木恭司社長だ。

「大口工事ばかりに依存していては、下手をすると会社が潰れてしまう。そう確信して大きく舵を切りましたが、上司は大反対、それを見た部下も同調し、一人ぼっちで続けた時期もありました」

話は40年ほど前の1983年、荒木社長が出雲営業所に所長として赴任した頃に遡る。「おたすけ隊」ができるのはそれから20年近く経ってからのことだが、この出雲営業所でその原型を作ったのが当時の荒木所長だった。

当初、荒木所長は出雲地域で売り上げを上げようと必死だった。島根電工は当時から県内トップ企業であったにもかかわらず、出雲地域での売り上げは芳しくなかったからだ。役所を回ってもゼネコンに営業をかけても、仕事を取ることはできなかった。この地域を牙城とする同業者がガッチリと仕事を押さえ、入り込むスキを与えてくれなかったためだ。

そこで荒木氏が目をつけたのがエンドユーザー――ビルや店舗のオーナー、企業、工場などの施主だった。ライオンズクラブや商工会議所にまめに顔を出して施主とのつながりを作り、島根電工の名前を知ってもらうようにした。

荒木所長はひたすらエンドユーザーの需要を開拓した。それしか道はなかったといってもよい。たとえ1軒当たりの額は小さくとも、注文は確実に増えていった。一人では対応し切れず、施工に携わっていた社員も借り出して営業を任せると、注文はさらに伸びていった。社員たちは畑違いの仕事を嫌がりもせず、むしろ喜んで取り組んでくれたという。

こうして出雲営業所に着任した1983年当時、約3億円だった営業所の売り上げは、荒木氏が在籍した11年で24億円にまで急増した。地道な努力が実ったのである。その実績により、1996年、荒木氏は常務取締役に昇進し、松江市の本社に戻って会社全体の営業を統率する立場になった。

荒木氏は、会社の会議でことあるごとにエンドユーザーを対象にした小口工事を増やすように提案した。だが、これまで大型工事で利益を上げてきた経営幹部は、「小口工事全体の売り上げは、大口工事一つで取れる」と首を縦に振らなかった。公共工事1件、ゼネコンからのビル1棟分の仕事を受ければ、売り上げは億単位になったからだ。

公共工事や民間の大型工事の減少傾向は明らかだった。危機感をつのらせた荒木氏は、小口工事の営業部隊を作り、水面下で大型案件から小口工事に舵を切った。

社内での逆風は相変わらず続いたが、理解者もいた。2001年、その一人、陶山《すやま》秀樹氏が社

島根電工株式会社の代表取締役社長・荒木恭司氏

長に就任すると風向きが変わった。会社として小口工事を積極的に行う体制ができていったのだ。

需要は確実にある。それでも当初、小口工事は伸び悩んだ。島根電工は大型工事の会社ゆえ、小口工事はしない――世間でそう思われていたからだ。営業活動で得た仕事は1億6000万円ほどにとどまった。

そこで打ち出したのが「住まいのおたすけ隊」だ。島根電工の小口工事を一般消費者向けに親しみやすい形で表し、それを思い切り目立つようにテレビでCMを流すことにした。今度こそ注文が舞い込むようになった。年々、倍々の勢いで伸び、現在、同社の主要事業となったことは既述の通りだ。

奇しくも2001年は小泉内閣が誕生し、公共事業が大幅に削減され始めた時期だった。絶妙のタイミングで、島根電工は新しい分野へと大きく舵を切ったのである。

期待に応えるのでは足りない、期待を超える感動を

大口工事から小口工事へ。公共事業やゼネコンの仕事から、一般家庭向けの仕事へ。それは単に、営業対象や工事現場が変わっただけではなかった。

公共事業やゼネコンの下請けでいる意識から抜け出し、建設業ではなく、サービス業としての自覚を持たなければならなかった。そして「一般家庭の気持ちをつかむ」（荒木社長）ため、社内の文化から変える必要があったという。

そこで打ち出したのが、「期待と感動」というスローガンだった。

「お客さまを感動させたい。当時から『顧客満足』ということはよくいわれていましたが、それが『感動』へと移っていった時期でした」（荒木社長）

なんとか社内の意識転換を図らねばと模索していたとき、ふと目にとまったのが新聞の広告欄だった。リッツ・カールトンの書籍、『リッツ・カールトン超一流サービスの教科書』（レオナルド・インギレアリー&ミカ・ソロモン著、日本経済新聞出版社）が目に入ったという。さっそく取り寄せて読んでみると、胸を打たれた。荒木社長が引用するのが次のエピソードだ。

リッツ・カールトンのロビーで営繕係が脚立を立てて蛍光灯を交換していた。そのとき、プールサイドからある女性が二人の子どもを連れ、両手に荷物を持ちながらやって来るのが見えた。営繕係はすぐさま飛んでいってドアを開け、子どもたちに話しかけながらエレベーターまで案内すると、行き先の階のボタンを押して戻ってきた。

たまたま客として来ていたほかのホテルのオーナーは営繕係を呼び止めて聞いた。「君の仕事じゃないだろう。フロントか客室係にやらせればいいじゃないか?」。営繕係はこう答えた。「私の仕事は、ゲストがリッツにきてよかった、と思ってお帰りいただくことです」。客は感動し、後日、リッツ・カールトンのオーナーと会う機会にそのエピソードを伝えたところ、さらに驚いた。リッツのオーナーは大きなタメ息をつき「だからダメなんだ」と言ったのだ。「事前に気がつき、ドアを開いておいてあげなければ」。

これを読んだ荒木社長は、当初「期待と感動」としたスローガンを、3年目から「期待を超える感動」に変更した。期待に応えるだけでは足りない。期待を超えて初めて感動してもらえる。

充実した研修制度で「感性」を鍛える

「期待を超える感動」の実現にはどうすればよいのか。必要なのは顧客が求めているものに気づける「感性の豊かさ」だった。島根電工では、創業当時から研修制度を充実させてきた。

まず入社したばかりの社員は、20日間の泊まり込みの研修を受ける。人として、職業人としてどうあるべきか、「人生観や職業観」、そして「感動を与えること」をテーマにした内容だ。その後も3カ月に一度、2泊3日の研修が続き、2年目以降も4カ月に一度の頻度で同様の研修が行われる。職業人としての基本的な心構えだけでなく、顧客との話し方や接し方、工事のため顧客宅に上がるときの靴の脱ぎ方や揃え方にいたるマナー、笑顔の作り方も学ぶ。

研修とは別に、同社にはビッグ・ブラザー制度もある。入社した新人に先輩社員が3年間付き添って指導する制度だ。先輩について顧客宅へも行き、仕事ぶり、顧客への接し方を学ぶ。

4年目以降も営業、施工、総務など職種別に分かれて、それぞれ初級、中級、上級と段階を踏んで研修は続く。管理者研修、所長研修、役員研修……入社から退職まで研修がずっと続いていく。

どうすれば顧客に「感動」してもらえるのか。自ら考えるようになった社員の例を荒木社長は次のようにあげている。

「ある顧客からクレームが入りました。水道の水漏れで修理を頼んだところ、当社の社員がパッキンの交換をするといったのにカラン（蛇口）ごと新品に替えたというのです。頼んでもいないのに勝手なマネはするな！と、相当、怒ってましたね。さっそくその社員を呼んで事情を聞いたんですが、新品に替えたわけではないことがわかりました。パッキンを交換したついでに、汚れていたカランを磨いたというのです。すっかりきれいになったカランを見た顧客は、新品に交換したと勘違いしたんでしょうね。それを告げるとたいそう驚いていました」

以後、この顧客が同社のファンになったことはいうまでもない。

こうして社員と顧客との厚い信頼関係ができれば、仕事の幅はさらに広がっていく。

あっちの部屋の照明を替えたい、エアコンも設置したい。

新入社員に、3年間、先輩社員が付き添って指導するビッグ・ブラザー制度を導入している

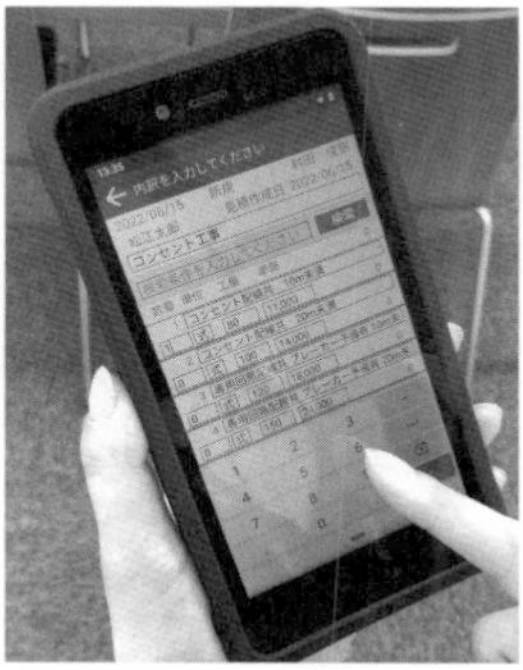

現地で見積もりを作ることができる専用端末ツール「サットくん」

次々と出てくる相談を社員たちは一つひとつ話を聞いては一度会社に持ち帰り、カタログを引っ張り出して見積もりを作っていた。その手間を減らすため、専用端末の「サットくん」を開発した。

依頼があれば、その場で端末に必要な製品や器具の情報を呼び出し、やはり端末上で見積もりを作ることができる。「このような額になります、いかがですか?」と、顧客に見せれば、その場で仕事を得ることができる。

これまでは見積もりを作るまで数日を要し、その間、顧客の気持ちが冷めてしまうこともあった。顧客にとっては、待たされている間、いったいいくらになるのか不安になることもあっただろう。「サットくん」はこれらを解決し、顧客との距離をいっそう縮めてくれるものになった。

顧客第一ではなく、社員と家族が第一、次が取引先

「企業はなんのために存在しているのか。利益を出して国に税金を払う。それが目的ではない。売り上げや利益は手段に過ぎない。本当の目的は『人を幸せにすること』。そのために我々は企業活動をやっているんです」（荒木社長）

荒木社長のいう「人」とは、顧客だけを指すのではない。社員も同様だ。むしろ、社員とその家族を第一に大切にする。それが同社の方針になっている。

「顧客第一主義とよくいわれますが、顧客の要望になんでも応えようとすると、突然の無茶な呼び出しに応じたり、夜遅くまで残業したりということになり、それで社員が疲れ、仕事に嫌気がさしては何にもなりません。むしろ、社員を大切にすれば、毎日、社員は生き生きと仕事へ向かうことができ、顧客の期待に応えることにやりがいを見出すことができるようになります」（荒木社長）

たとえば、毎週月・水・金曜日はノー残業デーと定められている。また、毎月最終金曜日はプレミアムフライデーとして仕事は15時までで、支援金も支給される。一杯飲んでたまった疲れを癒やしたり、家族のために使ったりすることができる。育児休業制度や介護休業制度も充実する。

島根電工で、社員の次に大切にすると掲げられているのが取引先とその家族だ。「自分たちの利益を上げようと取引先に値下げを求めれば、質が下がったり、取引先が社員の賃金を抑えたり、どこかに無理がかかる。それは回り回って自分の首を締めることにもなります」（荒木社長）

取引先には適正な価格で支払う。自分たちも、建設業界でありがちなダンピングには関わらない。自らが幸せでなければ、他人を幸せにはできない。社員や取引先を大切にすれば、回り回ってお客さまを大切にしてくれる。売り上げや利益を目的にしない。よく問題にされる前年対比も問わないのが島根電工の方針だ。

「社長さんたちは例外なく涙を流します」——「おたすけ隊フランチャイズ」

家庭用向けの小口工事に力を入れる。社員と取引先を大事にする。売り上げや利益を求めない……。常識の逆を行くような方針にもかかわらず、売り上げも利益も伸ばしてきた島根電工に学びたいと、荒木社長への取材や講演依頼は増え、直接、話を聞きたいと会社を訪れる経営者も現れ始めた。そんな要望に応えて島根電工が2006年から始めたのが「おたすけ隊フランチャイズ」だ。一般家庭の小口需要をいかに開拓していくか、その方法を伝授する。現在、加盟企業は45〜46社にのぼっている。

加盟した企業には、「住まいのおたすけ隊」の仕組みや、端末の「サットくん」の導入も促すが、それだけでうまくいくわけではない。肝心なのは、各社が「期待を超える感動」をいかに実現するかということ。そのため、島根電工が社内で行っている研修内容を組み直し、加盟店向けの研修を充実させた。フランチャイズ導入時に始まり、管理者向け、新人向けと、時期や内容、対象者によっていくつかの研修を用意した。各地域で事情は異なり、それを一番知っているのは加盟各社だ。地域にぴったりのモデルも一緒に考えていくという。

フランチャイズの管理者向けの研修は、複数の企業の管理職が一緒に受ける2泊3日（×3回）のプログラムで、最終日には各社の社長に必ず参加してもらうことになっている。

「社長さんたちは例外なく涙を流します。（加盟企業の）社員のみなさんが人前で堂々と発表する姿に感動するんですね。社員の方たちは、それまで一人ぼっちだと感じていた方が多いんです。でも研修で違う企業の方たちと顔を合わせ、自分は一人ではなかったと実感できるんです。自分がやってきたこと、感じてきたことは間違いなかった。それが自信となって現れ、正々堂々とした発表になるんですね」（荒木社長）

地域からも、同業者からも厚い信頼を得てきた島根電工。これからどこへ向かうのか？

「将来のビジョンは？　とよく聞かれるんですが、私はいつも『わからない』と答えています。世の中はものすごいスピードで変わっているでしょ。この先、どうなるかなんて誰にもわからない。無線で電気が供給されるようになれば、今の電設工事は要らなくなるかもしれない。空気から水をとる技術だってあります。水道管の工事もなくなるかも。でも、何が起きても『人を幸せにする』という方針は変わりません。そこをきちんと押さえておけば、どんなことをやってもかまわない。将来、全然違う事業をやっていて、新人が入ってきたとき、『この会社、どうして〝電工〟なんて名がついているの？』『電設工事って何？』、そう聞かれる日が来るかもしれない。でも、それでいいんです」（荒木社長）

日本の中でも人口減が激しく、高齢化が進みつつある島根県。そんな悪条件をものともせず、地域と厚い信頼関係を築いているのが島根電工である。まだまだやれることはある。ビジネスのチャンスはある。それを示してくれる企業といえそうだ。

地域密着型サービスに邁進する島根の注目企業

ホームセンター

株式会社ジュンテンドー

農業、園芸、資材、金物、工具……
プロたちの需要に応え、
地域になくてはならないインフラに
JUNTENDO
ジュンテンドー
資材館

2019年にオープンした京都府にある、ジュンテンドー西舞鶴モール店

創業／1894（明治27）年10月（設立1948〈昭和23〉年6月）

事業内容／ホームセンター、ブックセンターの展開

資本金／42億2425万円

従業員数／579人（2021年2月末現在、契約社員・パート社員・アルバイトは除く）

所在地／本社　〒699-3676 島根県益田市遠田町2179番地1

URL ／ https://www.juntendo.co.jp/

プロ需要に応える方針で躍進

同じホームセンターでも、ジュンテンドーは都心の競合店とは明らかに品揃えが違う。

木材売場に並ぶのは最大数メートルの白木の板、角材、合板やボード類。ほかにもトタンにガラスネット、ガルバリウムと豊富な板材が揃えられている。ガルバリウムとは防食性に優れ、外壁や屋根に使われる鋼板だ。

工具売場にはドリル、グラインダーなどの工具がズラリ、マキタ、リョービ、日立……など専門メーカーの製品が並ぶ。農業機械も圧巻だ。除草のために充電式草刈り機とエンジン式刈払機が揃い、除草用のバーナーやヘッジトリマーも陳列されている。ヘッジトリマーとは生け垣や樹

1 農家や建築、建設、土木などに携わるプロ向けの商品が所狭しと並ぶ店内

2 益田市にあるジュンテンドーの本社

3 農機具などの修理を自前で行っているのが、ジュンテンドーの大きな特徴だ

木を均一に刈り込むための園芸機械だ。ほかにも農薬散布機や小型の耕運機まで、所狭しと置かれている。

島根県の西、益田市に本部を置き、中国地方全域と近畿地方の一部、三重県へもホームセンターを計127店舗展開しているのがジュンテンドーだ。売り上げは480億円。中国地方一のホームセンターである（2021年2月末時点）。

株式会社ジュンテンドーの代表取締役社長、飯塚正氏

同社の大きな特徴が、農家や建築、建設、土木などに携わるプロ向けの需要に応えていることだ。木材や金物などの資材、工具類、農機具などハード系の品揃えが充実する。

「ここまで来るのに20年かかりました。初めは店ではノウハウもなく、仕入先も相手にしてくれませんでしたが、少しずつ変えてきて、本当に競争力がついてきたのがここ5、6年のことです。20年前のウチの店と、今の店とでは、まったく違うように見えるでしょうね」

プロ需要に応える方針でこの20年、同社を牽引してきたのが飯塚正社長だ。

ジュンテンドーでは、これら農機具などの機械類の修理を自前で行っていることも大きな特徴。修理品をメーカーへ送り対処しているホームセンターは多いが、自前で行っているのは中国地方のホームセンターではジュンテンドーのみ、九州以西でもないという。

プロが求める商品の販売とその修理・メンテナンスまで担う一貫した姿勢が大きな支持を得てきた同社だが、新型コロナ禍の現在、この方針が新たなＤＩＹの需要をも呼び起こし、これまでにない実績につながっている。

日本で初のホームセンター

島根県益田市でジュンテンドーが創業したのは、今から１３０年近く前の１８９４年のこと。当初は医薬品販売が業務だったが、１９６２年にスーパーマーケットに転換し、１９６９年にはさらに荒物雑貨、家庭用品を扱う「ハウジンググランド順天堂駅前店」を開業した。日本初のホームセンターだった。以後、同社はホームセンターの多店舗展開を進めていく。

「小型店を大量出店することが当時の方針で、１５０坪前後の店を関西方面にまで出して売り上げを伸ばしていました。まさに右肩上がりの時代でしたね」（飯塚社長）

飯塚社長がジュンテンドーで働き始めたのは１９８７年、27歳のとき。社名も店名もカタカナのジュンテンドーにちょうど変わった年だった。小型店出店を精力的に進めていた頃で、その年に１００店舗を突破し、売り上げはその後も毎年比二桁増で伸長、２年後の１９８９年には広島証券取引所で株式の上場も果たした。１９９０年、大店法の改正により規制緩和が実現すると、３００坪以上の店の出店も進めていく。

当時、日本の経済はバブルが崩壊したばかりだったが、なおジュンテンドーの売り上げは伸び続け、影響が出始めたのは1997年以降のことだ。1997年に山一證券が廃業、翌98年には北海道拓殖銀行が経営破綻し、いよいよ経済がおかしくなり始めると、店の売り上げも落ち込むようになった。

そんな中でも1998年、初めて1000坪の店を出し、同時に農業、建設業などを視野に木材や資材、機械類などのハード系を強化する方針を打ち出した。

ジュンテンドーがホームセンターを創業した頃の写真

「他社がどんどん大型店を出店させていくのを見て、それに追いつけ追い越せとばかり1000坪クラスの大型店を出し始めたんです。もともとウチは『田舎』の会社です。出店コストが安いところへ出ていったので『田舎』の商圏が得意でした。『田舎』でホームセンターという看板で勝負するならば、園芸や農業、ハード系を強化しなければ生き残っていけないだろうと、宣言したわけです」（飯塚社長）

それまでの小型店はDIYをはじめ、園芸、ペットなどひと通り取り揃えてはいたが、主に生活雑貨を低価格で提供するバラエティー的な店だったという。そんなところへ広い売り場と幅広い商品を取り揃えた大手ホームセンターが中国地方へ進出してきた。すでに時代は右肩下がり、その上、競争が激しくなれば生き残ることはできない。競合を意識して大型店の出店を進め、同じような品揃えで対抗しようとした。

だが、大型店を建て、売り場を作ったもののそれを運営、維持するノウハウはなかった。また、仕入先は新参者をまともに相手にはしてくれなかった。

そのような事情から当初は苦戦が続いたものの、農業関係の資材や機械の販売だけは好調だった。もともとジュンテンドーは地方や山間部など「田舎」に立地してきたため、古くからの顧客に農家が多かったためだ。

２００５年、飯塚氏が社長に就任すると覚悟を決めた。経営理念・志として、「地方都市、中山間地、離島のなくてはならないインフラになろう」を掲げ、基軸として「ホームセンターは、農業、園芸、資材、金物、工具、ワーキングの専門店である」と内外に公言した。会社の総力を上げて、プロたちに応える店作りをすると宣言した。

販売から修理まで一貫したサービスで支持を高める

「それでブレがなくなりました。プロの方の需要に耐えられる品揃えは当然のこと、量も価格も実現する。そのため他店を徹底的に研究して、もちろん仕入先も開拓し、売り場を作っていきました。簡単には追いつくことはできませんでしたが、少しずつ戦えるようになっていきました」（飯塚社長）

新たに出店する大型店ではもちろん、既存の小型店でも同じ方針で挑んだ。小型店では増床の難しい店が多かったが、改装により家庭用品やインテリアなどのソフト系の売り場を縮小して、園芸・農業用品やハード系の売り場を増やした。売れるからと米や酒を置くことをすすめる業者もいたが、一切受け付けなかった。徹底して「プロ需要に応える」店を目指した。

少し前から始めていた修理サービスも、同社の方針を補完することになった。

農機具などの機械類は自社で販売した製品はもちろん、他社で販売した製品であっても受け付けることにした。ただ右から左へとメーカーに渡すわけではない。

「お預かりして『それでは10日後に』ではお客さまにはとても納得していただけません。『これから仕事を始めるんだ。今すぐ直してくれ』。そんな気持ちに応えるため、部品を揃え、自分たちで修理できるようにしました。実際、部品の交換や清掃、燃料の調整などで直ることは多いので、従業員ができるだけその場で対応しています」（飯塚社長）

店で修理に応じるため従業員対象に研修も行った。会社の企画による集合研修もあれば、メーカーの担当者に講師を務めてもらって数店舗の担当者が集まって行う講習会も開いた。資格を取ることも奨励した。

修理サービスは予想以上の反響だった。ジュンテンドーが立地する山間部では特に、修理を受け付ける農機具店はどんどん潰れていた。工具店も同様である。農業、土木、建設、のプロたちは壊れて使えなくなっていた機械類を抱えて頭を悩ませていた。その悩みに応え、販売から修理・

メンテナンスまで一貫した体制を整えたことでプロからの支持を集めることになった。
「ほかのホームセンターで修理を依頼しようとしたところ『ジュンテンドーさんなら見てくれる』と言うので、当社の店に持ってきたという方もいました」(飯塚社長)

現在、店に持ち込まれる修理は全店で年間3万件ほどになるという。

修理による利益は多くないが、販売から修理まで一貫した体制を確立したことで、農機具などの機械類の販売は見違えるほど増加した。本体はもちろん、ドリルの刃や刈払機の刃など付属品の販売が伸びた。これらの売り上げは、全国のホームセンターの中でも「ダントツ」とのことだ。

島根県出雲市にある神西店。店舗面積900坪を超える大型店

「プロ需要に応える」ジュンテンドーの取り組みが大きく結実したのが、2011年にオープンした岡山県倉敷市の茶屋町店だろう。それまでは大型店といってもせいぜい1200坪程度だったが、茶屋町店の売り場は1800坪を超えた。

これまでのように、見よう見まねではもはや売り場は作れない。仕入先を開拓して品揃えを実現するとともに、他社へ視察に出向いたり、卸先から人を招いたりして、売り場作りのための勉強を重ねた。仕入れた商品を効果的に見せ、かつ広い店内を遠くまで見渡せるように、低めの什器を用いて売り場を作るなど、大型店運営のためのノウハウも蓄積した。こうして他社と戦うことができる店を作ることができたという。

コロナ禍でDIYが数十年ぶりに復活

2019年オープンの京都府の西舞鶴モール店も1800坪を超える大型店だが、大きな特徴は、938台の駐車場を囲むようにジュンテンドーのほか、ベビー・マタニティ専門の西松屋やカジュアルファッションのユニクロ、100円ショップのダイソーなどのいくつかのテナントとともにショッピングセンターを形成していることだろう。ジュンテンドーが約1万5000坪の土地に開発したネイバーフッド型のショッピングセンターだ。

「大型店を出したかったため、3000坪ほどを借りようと土地を持っていた紡績メーカーに相談しに行ったんですが、約3万坪の土地のうち、少なくとも半分を使ってもらわなくては貸せない、と言われて約1万5000坪を借りることになり、ショッピングセンターにしました」（飯塚社長）

ショッピングセンター開発の意図はなかったが、土地を借りる都合に加え、舞鶴市の強い要請もあり、全国展開するチェーン店に声をかけてテナントを募集した。実際にオープンするとほかのテナントとの相乗効果のためか、ジュンテンドー目当てのプロたちの来店はもちろん、一般消費者も広い商圏から集まった。京都の北部一帯からはもちろん、県域を超えて福井県からも来店があった。おそらく自動車で30～40分かけて来てくれているらしい。

プロたちのために取り揃えた資材、機械類は質が高く、大きな売り場で一度に多くの商品を見せることができる。価格も割安だ。それがそっくり一般消費者のほうにも受け入れられたのだ。

2020年、新型コロナの感染が世界的に広がり、日本でも多くの人が外出を控えるようになると、これまでのジュンテンドーの方針がいっそうプラスに働き始めた。

「巣ごもり需要」の影響で好調なのは、食品スーパーやドラッグストアも同様だが、特にジュンテンドーでは、「プロの需要に応える」方針で品揃えした商品を、一般消費者が「DIY」のために購入し始めたのだ。

「確かに『DIY』という言葉はありましたよね。素人の方でも、ホームセンターで資材や工具を取り揃えて、自分でなんでもやってしまおうということなんですが、実はウチではこの10年ほど、この『DIY』という言葉は使っていませんでした。すでに消滅した、あるいはあってもたかが知れているマーケットと考えていたからです」（飯塚社長）

ところが、コロナ禍で木材や金物、塗料などが売れ始めた。壊れていた棚を修理したり、家の壁を塗り直したりするためなのだろう。消費者は自宅の庭の手入れも熱心にしているらしい。レンガや玉石やバラス（砂利）など庭関連の資材も回転が早まった。

「家の修理は、プロに頼めば何十万もかかるでしょうが、自分でやってしまえば意外に安くできてしまう。やってみたら確かに仕上がりはプロにはかなわないけれども、そこそこにできる、しかも面白い。達成感も得られるのでしょう」（飯塚社長）

伸びたのは商品の売り上げだけではなかった。ジュンテンドーの半数以上の店では「木材カット」のサービスを行っている。購入した木材類を図面に描いた通り切断するものだが、その売り上げが新型コロナの蔓延以後、３〜５倍になった。これも一般消費者が自分の家を直すために利用しているらしい。

とっくに消滅していたと思っていた「ＤＩＹ」のマーケットが突如、復活した。かつて取り組んでいた人たちばかりでなく、コロナ禍を契機に新たに自宅で作業する面白さに気づいた人もかなりいるのではないかという。ジュンテンドーではこの需要を新たに「ホーム・インプルーブメント」として位置づけ、さらなる充実を図っている。

いったん達成感を味わった消費者は、ほかの分野でも自力でなんとかしようとするに違いない。新型コロナ過による一過性の需要ではなく、長く続くものと期待している。

さらにプロ需要を徹底させて中国地方の足元を固める

中国地方を中心に確かな基盤を築いたジュンテンドー。今後はそれ以外の地域、つまり東は関西・中部方面、西は九州へと出店網を広げていくのだろうか？

「そのようなことは考えていません。まずは老朽化した店のスクラップ&ビルドを進めていきます。まだまだ『プロのための店』としてできることはありますからね」（飯塚社長）

小型店が残っている地域は多い。当面はこれら既存店の改修・メンテナンスに徹し、まずは30年以上の小型店を順次、建て替えたり、移転したりして、700~800坪、あるいは1000坪前後の店にリニューアルしていく。

もちろん、そこでも地域のプロたちにより支持される店にしていく方針は変わらない。新たに出店する大型店でもそれを徹底させていく。

「長い時間をかけてここまで来ましたが、それでもまだ大型の農機具メーカーさんなどとは取り引きができていません。ジュンテンドーだから売ることができる、置く価値がある。そう思っていただけるよう、さらにプロの需要に応える方針を徹底させていきたいと考えています」（飯塚社長）

20年前、売上構成が35％だった園芸・資材は、現在は園芸・農業用品、資材・工具合わせて50％を超える。粗利益率も20％半ばだったものが、今は30％になった。プロ需要に応える方針を根気強く続けてきたことで、商品構成が変わっただけでなく、経営構造も大きく変化した。

底力をつけ、中国地方での存在感をさらに増している。

自動車販売

ホンダカーズ島根東

全社員が自発的にお客さま思考で動ける組織を育みつつ、
「移動する手段」の提供で、地域の人々を支える

ホンダカーズ島根東の松江東店

設立／1969（昭和44）年8月4日

事業内容／新車販売、中古車販売、リース、レンタカー、車検・点検・整備・修理、損害保険代理店業務、部品用品販売

資本金／1000万円

従業員数／83人（2020年4月1日時点）

所在地／〒690-0017 島根県松江市西津田四丁目2-8

URL ／ https://www.hondacars-shimanehigashi.co.jp/

ショールームから見える、顧客への姿勢

島根県の東、松江市。市街を横切る国道9号線は、東は鳥取県の米子市へ、西は出雲市を経て島根県西部へ通じる幹線だ。沿道には多くのオフィスや店舗が並ぶが、その中で目にとまるのが自動車のディーラーだ。街の中心部約2キロにわたって、国内外の自動車のショールームが20店近くひしめきあっている。ホンダカーズ島根東の松江東店もその一つだ。

全面ガラス張りで、中央部分が半円状に膨らんだ造りが特徴の建物で、中へ入れば天井の高い開放感いっぱいの空間で、奥に人気のSUV車が展示されている。だが、むしろ広くスペースを取っているのは手前のほうで、赤、黄、青のカラフルなチェアを備えたテーブルが置かれ、そこ

1 ホンダカーズ島根東では、特にメンテナンスサービスに力を入れている
2 ホンダカーズ島根東の社長・狩野浩之氏
3 来店客がくつろげる開放的なショールーム（松江東店）

ではコーヒーカップ片手にくつろぐ人たちを見ることができる。

ホンダカーズ島根東のショールームは、お客さまのためのスペースをできるだけ広く取っている。

「水曜が定休日ですから、休み明けの木曜日は、特にお客さまが多いですね。(休日をまたいで)車検を済ませた車を受け取るお客さまも多くいらっしゃいます」

顧客が快適に過ごせるようにしたと説明するのは、ホンダカーズ島根東(社名はホンダクリオ島根)の狩野浩之社長だ。同社はこの松江東店をはじめ、県内に計5店を運営している。

同じように見えるディーラーのショールームだが、造りには会社の方針が現れている。

自動車の性能や耐久性が向上し、時代の移り変わりによる消費動向の変化もあり、車の買い替えサイクルは、平成の初めには4~5年だったのが今は11年と倍以上に伸びたという。

そこで同社が強化してきたのが、点検や修理などの自動車のメンテナンスだった。自社で販売した新車、中古車はもちろん、ホンダ車以外の車でも、タイヤやバッテリーの交換をはじめ、定期点検や車検、もちろん大がかりな事故の板金修理まで、幅広く応じる。そのために訪れる顧客がひと息つけるのが、このショールームというわけだ。

新車販売も今と昔では事情が変わった。かつて営業マンは、顧客が仕事から帰る夕方以降に顧客宅を訪ねて車をすすめていた。だが、今は「働き方改革」で夜に動き回ること自体難しい。一方、車がほしい顧客はまずネットで情報を探し、ある程度、知識がたまれば、次にホンモノの自動車に触りたくなる。そこで実際に車を見て触れて、試乗できるショールームを訪れようとする。

メンテナンスでも、新車販売（顧客にとっては購入）でも、顧客との接点となるショールームの重要性は増している。顧客が快適に過ごせる空間としてショールームを位置づけているのもこのような理由からだ。

自転車販売で創業、オートバイ、四輪へと発展

「我社の誇りは大正2年の創業から『人の移動』のための商いをしてきたこと。その時代時代に応じた移動手段を商うことで、ずっと変わらず地域の方々のお役に立ってきた、という自負があります」

当時としては高価な自転車。購入者が記念写真を撮ることもあったという

狩野浩之社長は、会社の成り立ちをこう説明する。大正2（1913）年といえば100年以上も前のことだ。日本で自動車は希少だったはずだが、その頃から『人の移動』のための商いをしていたとはどういうことなのか？

「曽祖父が始めたのが自転車の販売でした。当時、自転車はちょっとした財産、写真を撮る機会があったら自転車も一緒に写したりしたようです」（狩野

社長）

狩野社長の曽祖父である狩野豊次郎氏が創業したのが、自転車販売店の「狩野自転車商会」だった。国内外から仕入れた部品で自転車を組み立てて販売した。自転車は今の自動車に負けず貴重なものだった。

先進的な商売は地元の人たちに受け入れられ、店はその後、長女・松子さんの婿、狩野孝之氏（狩野社長の祖父）、その長男の狩野郁夫氏（狩野社長の父）へと引き継がれていく。

郁夫氏が継いで間もない昭和30年頃、世の中では、自転車に後付けする50ccの簡易エンジンが売られていた。当時、オートバイを製造していた本田技研工業（以下ホンダ）は、それを画期的に小型軽量化した「カブ」という製品を発売し、販売網作りのきっかけにと全国の自転車販売店に取り扱いを募った。それが、「狩野自転車商会」とホンダとの取り引きの始まりだった。そして、郁夫氏はホンダという会社に惚れ込んだ。

ホンダはやがて四輪の自動車製造も始める。狩野自転車商会でも四輪車を取り扱った。当時の人気車がＮ３６０、排気量が３６０ccの軽自動車だ。１９６９年には法人化して、社名を「有限会社狩野商会」とした。店の看板にはＨＯＮＤＡの文字。折しも日本ではモータリゼーションが

狩野自転車商会で働く狩野浩之社長の祖父・孝之氏

進んでおり、狩野商会はその波に乗って急成長していく。

狩野商会は、1975年に社名を「有限会社ホンダオート島根」と変更し、1977年には中古車センターを開設、当時から、メンテナンスや買い取り、中古車販売などは、新車販売とともに欠かせないビジネスだった。

そして1984年、国道9号線沿い、冒頭のディーラー街に「松江店」を新設、ディーラーとしてのステップアップを果たした。

営業もメンテナンスも個人技からチームプレーへ

自動車市場が拡大していた1985年にホンダが打ち出したのが販売のチャネルを「プリモ」「クリオ」「ベルノ」の三つにする方針だった。

ベルノチャネルはすでにあったが、それ以外の販売店もクリオとプリモの二つに分けることとし、販売車種もチャネルごとの専売としたのだ。

多くの販売店がプリモへ移行する中、郁夫氏が選んだのがプリモより格段に厳しい要件が求められたクリオだった。アコードなど高級車を扱うことができ、差別化が可能になる。加えて広いエリアが商圏となる。社員一丸となって基準をクリアし、見事クリオ店となった。このとき、社名を現在の「株式会社ホンダクリオ島根」とし、2年後の1987年には、浜田市に出店、県下

2拠点体制とした。

狩野社長がこの業界で働くようになったのはそれから間もなく、1990年のことだ。2年間、岡山の同業社で修業した後、1993年に帰郷してホンダクリオ島根で営業職として働き始めた。

「当時は、夜、お客さまの自宅へお伺いして、契約してもらうというスタイルでした。新車の契約のために、あるお客さまのお宅へ伺ったときは、商談・お手続きで夜遅くまでかかってしまい、奥さまに夜食をごちそうになったこともあります」（狩野社長）

新車を購入した「お礼」として、居酒屋でごちそうになったこともある。ディーラーのほうが「お礼」すべきと思えるが、逆だったところに狩野社長と顧客との親密さが窺える。

2003年、狩野氏は社長に就任すると「接客の質を高める」ことを全社的な方針として打ち出した。

バブルが終わり、日本は低成長時代へ入っていた。一人ひとりの顧客を大切にする。「そうして売上台数や利益を高めて島根県一となる。確かに、総売り上げでは大手自動車ディーラーにはなかなかかないませんが、一人当たりの売上台数や売上額では、島根県一になることはできるはず。それを目指しました」（狩野社長）。

2006年になると、ホンダは三つの販売チャネルを「ホンダカーズ」一つにする施策を打ち出す。それにより屋号は「ホンダカーズ島根東」となった（社名は「ホンダクリオ島根」のまま）。販売車種もすべて同じとなり、クリオチャネルとして差別化できていたのが、そうでなくなってしまう。そこで狩野社長が打ち出したのが、「多店舗化」だった。

松江市内で黒田店、学園店の2店を出店し、松江東店(松江店を改名)と合わせて計3店にした。また、島根県の西、益田市にも出店し、浜田市の店と合わせて島根県西部で2拠点とした。計5店で「県の東から西までカバーする」体制を作った。

メンテナンスを全社的に強化する方針も打ち立てた。

たとえば、それまで自動車の点検については営業マンが顧客に声をかけていた。だが、義務化されている法定点検にはしっかり声をかけても、それ以外の点検は、営業マンによってすすめたりすすめなかったり個人差があった。現在、同社では、まず営業マンが声をかけるが、顧客の反応が薄ければ、次に点検や修理に携わるサービス部門の社員が連絡を取る。

「お客さまにとっては『プロから連絡があった』と感じられるようです。実際、こうして点検などサービス部門は伸びています」(狩野社長)

営業は営業、メンテナンスはサービス部門、そんな縦割り意識も改められ、全メンバーによるお店のチームワークが生まれつつあるという。

なぜバッテリー交換で訪れた顧客が新車購入を即決したのか?

そしてもう一つ忘れていけないのが顧客への対応だ。狩野社長は、顧客へ寄り添う姿勢を方針として鮮明に打ち出した。

「すべてのお客さまが車のことにお詳しいわけではありません。私たちに『お任せしますから、最もよいようにしてください』とおっしゃる、そんな方が多いです。そのとき、何ができるのか。納期が早い、装備が付けられる、料金が安い――ちょっとしたことでも、常に少しでもお客さまにメリットがあるようにおすすめします」

狩野社長は「営業に奇策なし」と言う。特別なことではなく、常に顧客のためになることを考える。

決してディーラーの都合で売ってはいけない。営業で実績を上げてきた専務取締役の金津健氏は「営業の時間」と「お客さま時間」の違いを例にあげている。

「営業がうれしいのは契約をもらったとき。でも、お客さまが一番うれしいのは納車してもらうとき。そこが理解できず、契約をもらうまでは愛想良くして、もらった途端に対応がおろそかになる。それは絶対にいけない。むしろ納車してからが本当の営業です」

現在、顧客管理はコンピュータ化され、誰がいつどの車を購入したか、点検、修理についても記録され、情報はすぐに引き出せる。共有して複数の営業マンが一人の顧客に対応することも可能だ。個人技だった営業スタイルは大きく変わりつつある。だが、これらの情報を活かすためにも、常に顧客のことを考え、その気持ちに気づける「感性」が必要だという。

「お客さまに喜んでもらえれば、自分もうれしい。そういう気持ちがともなわなければ、どんなに『仕組み』を作っても意味がありません。『仕組み』とは気づきの幅を広げてくれるツールです。誰もが自発的にお客さまのことを考え、良かれと思うことを実行する。そんな社風を目指しています」と、狩野社長は言う。

営業の一線にいた頃、狩野社長は次のような経験をした。

「古いシビックに乗った女性のお客さまが来店されました。『バッテリーが上がったので交換してほしい』とおっしゃるのです。しかし、シビックそのものがかなり古く、1年後の車検では買い換えるご予定とのこと。ちょうどお安くできる在庫車もあり、『バッテリー購入ではなく、お車のお買い替えの時期を早めてはいかがですか』と、お話ししたところ、その場でその在庫車のご購入を決めていただいたのです」

決して売り込んだわけではなかった。何が一番、顧客のためになるのか考え、提案しただけだったが、その姿勢が信頼を生んだ。

顧客に対して何ができるのか？　考え続けた結果、現在、ホンダカーズ島根東では生命保険の見直しをすすめている。新車購入時、自動車保険に入る際、合わせて行うようにした。

実際、顧客がすでに入っている生命保険を見ていくと、掛け金が年々上がり、負担が思いの外重かったり、同じ特約をあちこちでつけていたり、逆に肝心のときに支払われないなど見落としがあったり、ほとんどの人にとって見直す必要があることがわかったという。提携する専門家による資産管理や運用のアドバイスも喜ばれている。

技術や環境が変わっても、変わらない「人の移動したい本能」

自転車、オートバイ、そして自動車。この100年で「移動の手段」とホンダカーズ島根東のビジネスは大きく変わった。今も急激に進む技術革新に対応して、ホンダカーズ島根東ではサービス工場の刷新に取り組んでいる。

「レジェンド」にレベル3の自動運転技術が採り入れられた。車の内外に搭載される多くのセンサーの点検ができるよう、工場に新しい機器を入れたり、所定のスペースを確保したり、新たな基準が求められている。

現在、その基準は松江東店のみがクリアしているが、県西部でももう1カ所持つために奔走中だ。また、電気自動車は今後増えていくので、全店でその点検や修理に対応できるようにしたい。

近年では、社員の成長を図るため、社員研修に力を入れ、自社自前での研修を充実させた。また、年間休日を9日増やして109日とし、店休日は毎週水曜日だったのを第2・第4週を火曜日との2連日とするなど、働き方に関しても取り組みを進めている。

外国籍の整備士も正社員として働く。また、女性の活用・活躍への取り組みも進んでいる。

すでに述べた通り、営業は訪問型からショールーム来店型へと変わった。いつ顧客がショールームを訪れても、適切に対応したい。担当の営業マンが不在でも、全員で対応できるようにしたい。現在、多くの女性が事務職として顧客のために週末のイベントやその準備に関わっている。

その中から、営業職に異動し、その発想力や企画力を発揮する女性スタッフも現れた。本社では女性の管理職も誕生した。女子社員の産休取得後復帰率は直近８年間で１００％である。

技術も働き方も大きく変わるが、変わらないこともあると狩野社長は言う。

「『いろいろなところへ出かけたい』『遠くへ行ってみたい』というのは、今も昔も変わらない、人が本来持っている本能だと思うのです。これからも当社では、創業から続く『移動する手段の提供』によって、そのお手伝いがしたい。そのため地域のお客さまとのつながりを深め、喜んでいただけるよう、社内の仕組みを整えていきたいですね」

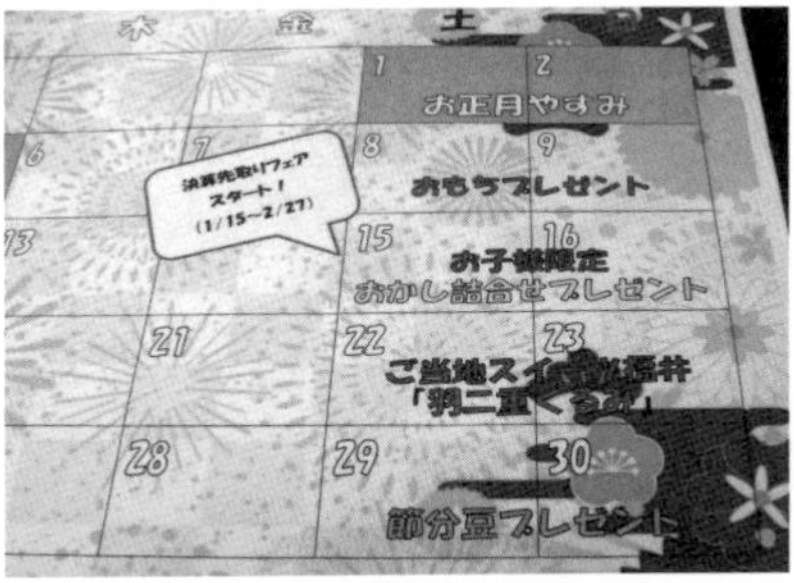

週末に行われるイベントは、女性社員が企画や準備に関わっている

顧客が移動を通じて暮らしを楽しむ姿、喜ぶ姿を見ることが、狩野社長にとっての喜びだ。その姿勢を社内に浸透させ、社員が成長することで、顧客が喜び、その姿を見て、また社員が成長できる。その好循環を作っていきたいという。

山陰合同銀行　頭取　山崎 徹氏

地域の課題解決こそ、地方銀行の役割

――ふるさとを守り、持続可能な社会づくりを

異業種とのアライアンス（提携）、森林保全活動、障がい者雇用事業所の運営、寺子屋を再現した私塾「尚風館」での教育……。従来の金融機関の枠を超え、大胆な発想で地域の課題に挑むのが、山陰合同銀行――ごうぎんだ。解決のカギは「人」にあるという。人口減、高齢化……、課題先進地域のまっただ中にいるからこそ実感する危機感と、解決への情熱、そして地域への深い愛情を、山崎徹頭取に語ってもらう。

「『環境保全』、『ダイバーシティ（障がい者の自立支援）』、『青少年の育成』を三つの大きな柱として、ユニークな活動に長年にわたり取り組みたい」と語る山崎頭取

島根は課題先進地域

私たちが主要な営業エリアとする山陰は、過疎地を多く抱え、人口減少率、高齢化率ともに全国の中でもかなり進んでおり、担い手不足に起因する事業承継問題や医療・介護などの社会インフラの維持・強化といった問題がほかの地域よりも早く顕在化している、いわば課題先進地域といえます。

私たちは、地域の課題はまず地域で解決し、さらには地域を超え、広く全国で直面する課題の解決につながるような具体的な取り組み・モデルを、山陰から発信しています。

課題先進地域における地方銀行の経営戦略としては、既存の枠にとらわれない異業種とのアライアンス（提携）が大きな選択肢の一つだと考えています。当行は伝統的にこのような変化や挑戦を続けてきた会社で、最近では２０２０年9月から野村證券との証券業務のアライアンスを開始しました。当行がお客さまとの接点を、野村證券が商品開発やシステムを担う仕組みです。これにより島根のお客さまであっても東京などの大都市と同品質の金融サービスを提供することができるようになりました。

アライアンス開始後、お客さまからのご好評のお声が想像以上で大変うれしく思っています。本業を通じて地域を支え続け、また同時に新しいビジネスにも挑戦し、銀行全体で持続的な成長を実現することを目指しています。これはとても難しい取り組みではありますが、私たちにとって価値のあるチャレンジだと思っています。

また、近年ＥＳＧ経営といわれていますが、私たちは以前からさまざまな地域貢献活動を積極的に展開することで、地域社会の発展・向上を目指しています。中でも、ＳＤＧｓの目標にも含まれる「環境保全」、「ダイバーシティ（障がい者の自立支援）」、「青少年の育成」を三つの大きな柱として、他社に先駆けたユニークな活動に長年にわたり取り組んでいます。

環境保全の一環として、森林保全活動をスタート

大田市・三瓶での森林保全活動の様子

まず、２００６年から本格的に開始している森林保全活動についてです。元々は担い手不足により故郷の森林が荒廃するのを防ぎ、私たちなりに山林の付加価値を高めるサポートができないかという問題意識からスタートしました。これまで山陰両県９カ所の森林を直営管理し植林などを行っているほか、バラバラで活動していた50のＮＰＯ法人などの団体を束ね、活動の活性化を行っています。
そのような中で、地方銀行として役割を果たせていると実感しているのがＪ-クレジットの仲介です。地方公共団体や地元事業者が創出した山林のCO_2吸収量を、私たちが仲介して、CO_2を排出するお取引先に販売するという取り

知的障がい者の雇用施設「ごうぎんチャレンジドまつえ」で働いている知的障がい者の方々が描いた絵画は、企業のノベルティとしても好評を博している

組みを2010年から続けており、累計で2000件8000トン-CO_2を超える実績となっています。森林保全や気候変動対策への貢献だけでなく、お取引先の脱炭素・カーボンニュートラルに向けた支援活動として評価していただき、2022年3月には環境省所管の「21世紀 金融行動原則」最優良取組事例の特別賞を頂戴いたしました。また、同様の趣旨で、内閣官房所管の「地方創生 SDGs金融表彰」をお隣の鳥取県・日南町とともに受賞いたしました。

障がい者の自立支援を目的とした施設を運営

2007年からは、知的障がい者を雇用した事業所「ごうぎんチャレンジドまつえ」を運営し、障がい者の自立支援と社会参画支援を行っています。銀行の各種事務のほかに、彼らが描いた絵画やデザインを大手企業に購入していただき、その使用料を障がい者就労支援のため毎年寄付するという、循環型の活動も行っています。構図、発色など彼らの表現力は独特で美しく、企業のＰＲ用ノベルティなどに使われています。２０１７年には、精神障がいや発達障がいのある方が主に就労する「ごうぎんチャレンジドとっとり」を開設、書類整備やデータ入力等のＩＴスキルを駆使した作業など幅広い銀行業務を担っています。また、障がい者の活躍躍進に取り組む国際的イニシアティブ「The Valuable 500」の趣旨に賛同し、２０２１年に加盟しています。

将来を担う青少年を育てるための私塾を開講

さらに２０１２年には、昔ながらの寺子屋や藩校を模した私塾「尚風館」を開講しました。塾生が国内外の古典やふるさとの歴史・自然から「生き方や考え方」を学び、五感を通して物事の背景や本質に触れることで、将来の日本、地域を担う人材に育っていくことを目指しています。

初等・中等・高等課程の９年を超えるカリキュラムで、小学生から大学生までの50名程度が在籍しており、中には中国山地の山あいの町から両親の車で毎週片道３時間かけて通ってくる塾生もいます。このような教育活動を私たち銀行が直接行うことで、地域・お客さまとともに成長したいと考えています。

持続的な価値提供ができるベストバンクを目指して

いくら社会的意義があるとしても、赤字事業だけでは継続することはできません。私たちが企業として成長し地域に価値を提供し続けるために、山陰をマザーマーケットとしつつ、古くからそれ以外の広範なエリアでも営業を行っています。このネットワークと、冒頭にお話しした異業種とのアライアンスを活用し、山陰外においても企業との信頼関係をもとに課題解決に取り組むことで、より多くのお客さまにとってのベストバンクとなることを目指しています。

地域の課題を解決し、持続可能性を高めていくには、熱い思いを持ち、地域のため、お客さまのために行動できる「人」が鍵になると思います。このような人材が育ち、活躍できるよう、当行では従業員一人ひとりの働きがいと働きやすさを高め、自律的な成長をサポートするよう取り組んでいます。

私自身、島根で生まれ育ち、島根で社会人生活を送っています。大学時代は東京で過ごしましたが、離れることでふるさとの豊かな自然環境、温かい人柄、暮らしやすさを再認識しました。これから社会に羽ばたくみなさんも、ぜひ島根に戻って私たちと一緒にふるさとを守り育て、充実した社会人生活を送りましょう！

山陰合同銀行

（2022〈令和4〉年3月末現在）

創立／昭和16（1941）年7月1日

店舗ネットワーク数／本支店68、出張所46
（店舗内店舗方式対象店　34、ダイレクト支店1は含まない）

資本金／207億円

従業員数／1923人

所在地／〒690-8686 島根県松江市魚町10番地

URL ／ https://www.gogin.co.jp

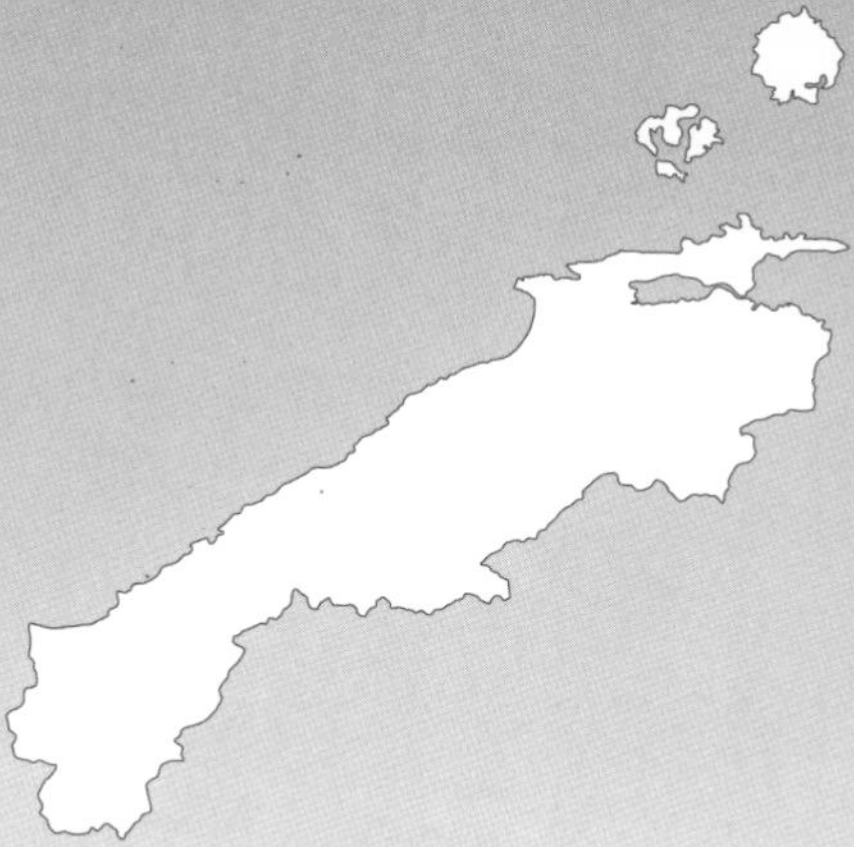

第2章

地域の基盤を支え続ける島根の注目企業

プロパンガス販売

イワタニ島根株式会社・イワタニ山陰株式会社

プロパンガス、調理器具、暖房、エネファーム……地域の生活をより安全に、より豊かに

イワタニ島根で毎年秋に行われている「ガスの展示会」

イワタニ島根

創業／1965（昭和43）年3月2日

事業内容／プロパン（LP）ガス、灯油の供給、ガス器具、石油器具、住設機器の販売、リフォーム、増改築工事等

資本金／1億1125万円

従業員数／196人（2021年10月現在）

所在地／〒694-0041 島根県大田市長久町長久ロ235-2

URL ／ https://www.iwatani-shimane.co.jp/

イワタニ山陰

創業／1964（昭和39）年6月

事業内容／プロパン（LP）ガス、灯油の供給、ガス器具、石油器具、住設機器の販売、リフォーム、増改築工事等

資本金／1億円

従業員数／86人（2021年10月現在）

所在地／〒690-0825 島根県松江市学園2-16-37

URL ／ https://www.iwatani-sanin.co.jp/

プロパンガスの魅力は、機動性抜群&復旧スピードの早さ

島根県内の約６万５０００世帯に向けてプロパン（ＬＰ）ガスを供給しているのが、イワタニ島根とイワタニ山陰の二つの会社だ。

プロパンガスを供給するには、ガスの入ったボンベを定期的に家庭や店舗、事業所に運び込み、古いボンベと交換してガス管をつなぎ直す。

地下にガス導管と呼ばれるパイプを張り巡らせ、一斉にガスを供給する都市ガスに比べ、手間がかかり不便に思えるが、実は利点は多い。

一つはボンベを運び込むことさえできれば、あらゆる地域でガスの使用が可能になる点。

1

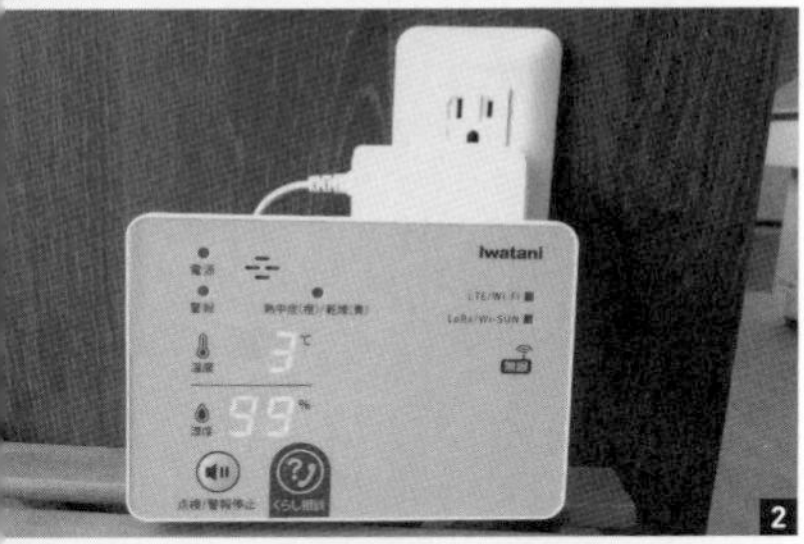

2

3

1 プロパンガス供給以外にも、太陽光発電パネルの取り付けなども行っている

2 “つながるガス警報器”イワタニゲートウェイの本体

3 プロパンガスは各家庭や事業所などに、直接ガスの入ったボンベを配送する

イワタニ島根株式会社の代表取締役社長・森本吉樹氏

もう一つは、個別供給である点。都市ガスの場合、災害などが起きると復旧するまでにかなり時間がかかってしまう。ところが、プロパンガスは、個別供給のため、よそのガス漏れなどで使えなくなることはない。たとえ自分の家でガス漏れが発生したとしても、復旧にさほど時間はかからない。

事業者側のメリットでいえば、日頃プロパンガスを運ぶために回っている地域の生活や事情に詳しくなり、各家庭で求められているもの、不足しているものを真っ先に知ることができる点があげられるだろう。暮らしを豊かにする商品やサービスを展開しやすい。

イワタニ島根とイワタニ山陰では、プロパンガスの供給のほか、小型のカセットボンベを用いて調理できる卓上コンロや暖房器具、換気扇設備、さらに家庭用燃料電池のエネファーム、屋根に取り付ける太陽光発電まで幅広い商品を扱っている。水回りに強いことを活かして、キッチンやバスルーム、トイレのリフォーム、床暖房の工事も行っている。

「岩谷産業グループの基本理念は『世の中に必要な人間となれ、世の中に必要なものこそ栄える』ということ。我々は全国組織なので、各地域の会社の担当エリアは決まっています。その地域にしっかり根づいて、お客さまに質の高いサービスをご提供し続けられること、お客さまの満足度を向上させていくこと、それが我々の役割です」

イワタニ島根の森本吉樹社長は、多彩な製品やサービスで地域に貢献する姿勢をこう語っている。

また、イワタニ山陰の桑原剛社長は、「地域にどういう方がいて、どういう生活を送っているのか。日頃から一軒一軒を訪問している我々には理解できます。（ボンベの交換のため）お客さまを呼んでも顔を出さないので何かおかしいと気づき、家の中で倒れているのを発見したこともあります。当社のユニフォームを見て、『ああ、イワタニさんね』と接していただけることは多いですね」と語っている。

イワタニ山陰株式会社の代表取締役社長·桑原剛氏

「地域を見守る」という役割を自覚しているという。

新型コロナの蔓延により、なるべくならほかの人と接したくないという人は増えた。だが、そんな中でも、見慣れたイワタニのユニフォームやオレンジに白のストライプの軽バンを見つけ、声をかけてくれる地域の人たちは多い。

地域に密着したイワタニの活動はどのように発展してきたのだろうか。

ガスのお悩みにとどまらない「地域のお困りごと、解決します」サービス

岩谷産業は、1930年、島根県安濃郡長久村（現・大田市）出身の岩谷直治氏が創業した企業だ。直治氏は大田農業学校（現・島根県立大田高等学校）を卒業すると、神戸の運送会社に勤務、そこでの経験を活かして大阪で岩谷直治商店を立ち上げた。主に工場向けに酸素や溶接棒、カーバイドを販売する事業だった。

ビジネスは順調に発展し、1945年には岩谷産業株式会社と会社組織になり、大阪市東区に本社を構えた。そして1953年から開始したのが、日本で初めての各家庭に向けてのプロパンガスの供給だった。ここでも事業は急成長し、岩谷産業は1962年に大証・東証第2部に上場、1965年には第1部に昇格している。

その後もカセットボンベ式卓上型ガスコンロを日本で初めて市販化するなど、同社は日本でのプロパンガス供給の先駆けとなっていく。

1980年にはLPガスの直輸入も始め、工業用のLPガス供給装置や保安機器、自動車用LPガス、船舶用タンクなど、エネルギー産業向けの大型設備や装置を扱うようになった。

一方、各家庭に向けては、水回りはもちろん住宅設備全般にわたる製品やサービスを展開、販売網を全国へと広げていった。

現在は全国に100社を超える岩谷産業グループが形成されている。その中で、島根県で暮ら

す人々の生活のため日々奮闘しているのが、イワタニ島根とイワタニ山陰の2社というわけだ。岩谷産業グループの「地域に貢献していこう」という姿勢は、ここ島根でも既存の商品やサービスにとらわれない自在な活動となって現れている。

2021年、イワタニ島根では次のような独特の活動に取り組んだ。

「毎年秋には『ガスの展示会』を開いています。みなさまに楽しみにしていただいていて、1万組ほどのお客さまがいらっしゃいます。渋滞でクレームが出るほどの人気です（笑）。しかし、2021年は新型コロナの感染が心配で開催を見送らざるを得ませんでした。

何かほかの取り組みはできないか。世の中、コロナ、コロナと不安なことばかり。明るく楽しく風通しよく、社員にとってもやりがいのあることができないか。そう考えて取り組んだのが『地域のお困りごとを解決します』でした」（森本社長）

家庭で困ったことがあれば、なんでも相談に乗るサービスを始めることにした。

立ち上げたところ、プロパンガスに関連した要望や質問は当然、数多く寄せられたが、中には、テレビの映りが悪くなった、アンテナをなんとかしてほしい。スズメバチを駆除してほしい。そんな要望も出てきた。

日頃、地域を回っているイワタニの社員には電気工事士の資格を持つものも多い。アンテナの設置のし直しなどはお手のものだ。出向いていって即座に直すと、対応の早さに驚かれた。また、スズメバチの駆除は専門業者に依頼した。

この取り組みが本業に結びついたのかどうかは定かではないという。だが、地域とのつながりを改めて確認でき、何より社員の士気が上がったことが大きな成果だったと、森本社長は語っている。

全国各地の被災地に駆けつける、岩谷産業グループの「災害救援隊」

プロパンガスの利点としてどこへでも運び込めることをあげたが、その機動性は特に災害のような非常事態に威力を発揮する。

都市ガスの場合、災害のダメージを調査したり、安全性を確保するため、特定の地域へのガスの供給を止めて点検する必要があるが、プロパンガスは個別のボンベの安全性が確認できれば、その場で供給を再開できる。

卓上コンロやカセットボンベを被災地に持ち込めば、調理や、暖をとることが可能になる。

全国組織の岩谷産業グループは、ある地域で災害が起これば、ほかの地域からすぐに支援に駆けつける体制を敷き、これまで災害が起きるたびに、被災地の人々が日常生活を取り戻すのに貢献してきた。

「阪神・淡路大震災を契機に組織されたのが『マルヰガス災害救援隊』です。

それまでも各地でプロパンガスを供給していたガス屋さんが、何かあったときはお互いにお手伝いしましょうと提携はしていました。ところが、あれほどの規模になると、地域全体が被災して人を助けるどころではなくなってしまう。私どもは北海道から沖縄までグループとして各地に企業が存在していますし、関連する物流会社もある。それらが助け合い、どこかで災害があれば、別の地域から駆けつける。そういう組織を作りました」

全国的な支援体制を作ってきた経過をこう説明するのはイワタニ山陰の桑原社長だ。

桑原社長自身、2011年3月の東日本大震災発生時は、卓上ガスコンロやカセットボンベ、食料などの緊急物資とともに現地へ向かった。

「12日の朝早く、航空機で東京まで行き、そこから新幹線で新潟に向かい太平洋沿岸へ向かいました。ガソリンの供給が絶え、スタンド前は長い列ができて移動もままならなかったんですが、幸いLPガス車で向かったため、それにも巻き込まれずに入ることができました」（桑原社長）

避難所に物資を届けると感謝され、帰りに気をつけるようにと見送られたことが忘れられない。

「避難していた人たちの中には、ご家族をなくしたり、行方不明になっていた人も多かったはず。そんな中でも我々のことを心配してくれました。涙が出ました」（桑原社長）

岩谷産業グループの各社は、桑原社長のように現地へ向かう部隊もあれば、本拠地にとどまり、被災地の自治体にまとめて救援物資を届けるよう手配する部隊もある。多方面から被災地の支援を続けている。

桑原社長は、岩谷産業熊本支店に赴任中は、助けられる立場も経験した。2016年の熊本地

阪神·淡路大震災をきっかけに組織された岩谷産業グループの災害救援隊

震のときだ。

全国から代わる代わるマル丼ガス災害救援隊が熊本へやってきては、支店で寝泊まりしながら、地域の顧客約2万世帯と、他社のプロパンガスを使っているやはり2万世帯の計約4万世帯のガス点検を行った。一刻も早く地域の人たちの日常生活を取り戻したかった。

「現地へ向かえば、どの道が塞がったままなのか、あるいは通れるようになったのかもわかります。各地へ散らばった社員たちはそのような道路情報をiPadの地図情報に落とし込み、それをほかの電気や水道、都市ガスの復旧にあたる人たちと共有しながら復旧に努めました」（桑原社長）

支援に駆けつけたのは延べ4000人に及んだという。

島根県内の異常事態にも、地域に張り巡らされたイワタニの販売網は大きな力になる。

2021年1月、山陰地方を襲った寒波で島根県は大雪になった。

「『給湯器からお湯が出ない。なんとかしてくれ』という電話が次々とかかってきました。水道管が凍りついてしまったんです」

当時をこう振り返るのが、イワタニ島根の森本社長だ。

イワタニ島根では、営業所など10の拠点に次々と電話が入った。

水道管に布を巻きつけお湯をかけるなどして氷を溶かすように伝えるが、電話だけでは要領を得ない。そこで普段地域を回っている営業部隊が出向いて、応急措置を施した。

中には、膨張した氷で水道管が破裂してしまった家もあった。そんなところには水道工事のできる部隊が出向いていった。

他社のプロパンガスを使っている家庭からも問い合わせが入ってくる。無視はできない。社員たちはほぼ丸3日間、寝る暇も惜しんで対応した。顧客からの問い合わせは計2600件にも及んだ。

各家庭と通信で結ぶ「イワタニゲートウェイ」、全国展開へ

「世の中に必要なものこそ栄える」というイワタニの理念は、今新しい技術でより進化した事業になりつつある。現在、岩谷産業グループ全体で進められているのが「イワタニゲートウェイ」だ。

家庭用プロパンガスの供給に用いられているのは、人の背丈ほどある縦長の50キログラムのボンベ。そこには、地震などの強い衝撃があれば自動的にガスの供給を止める安全装置が備えられている。通信機能もあり、ガス消費量が急増するなどの異常を感知すれば、最寄りの営業所に知らせ、緊急事態には30分以内に駆けつける体制も整っている。

「イワタニゲートウェイ」は、これらガス供給設備に備わっている安全装置からの情報をはじめ、ガス以外の電気、水道など各インフラの情報も一括して把握し、家庭内のタブレット状の装置に表示できるようにしたシステムだ。

たとえば、ガス漏れを検知すれば、即座に利用者に音声で知らせることはもちろん、情報はイワタニの各拠点へも届き、遠隔でガスを遮断するなどの措置が施される。必要ならば社員が現地へ駆けつける。ガスの見守りを24時間365日体制でより強固なものにした。

「イワタニゲートウェイ」には温度計や湿度計も備わっている。たとえば冬、水道の凍結が心配されるときは、給湯装置から水を抜くように音声で知らせてくれる。また、夏、高温高湿になり熱中症が心配されれば、それを利用者に音声で知らせる。装置だけではなく、人も見守っているわけだ。

装置に備わった「くらし相談」ボタンを押せば、イワタニのコールセンターへつながる。いつでも「くらしのお困りごと」を相談できる。

「イワタニゲートウェイ」は、2021年の春から夏にかけて、創業の地である島根県大田市で100世帯を対象に実証実験が行われ、それをもとに2021年7月から全国展開が始まった。2021年度中に全国で1万台設置され、2023年度までに55万台を設置する計画だ。

「『世の中に必要な人間となれ、世の中に必要なものこそ栄える』。今だからこそ、この基本理念の意義を改めて考えていきたい」とイワタニ島根、森本社長。

イワタニ島根株式会社・イワタニ山陰株式会社

地域に密着し、地域の生活をより安全に、より豊かなものにしていく。島根のイワタニの2社は、全国のグループ会社とともに、モノやサービスの供給だけではない、地域の「エネルギー生活総合サービス事業者」へと変わろうとしている。

（電気設備工事）

サンベ電気株式会社

人間力を磨く教育で、不況期にも業績を伸ばす組織体に。
地域に信頼され、必要とされる会社を目指す

2018年5月に新築した本社

創業／1971（昭和46）年7月29日

事業内容／電気工事業、管工事業、電気通信工事業、
水道施設工事業、消防施設工事業

資本金／4500万円

従業員数／66人

所在地／〒690-0017 島根県松江市西津田十丁目13番36号

URL ／ http://sanbe-denki.co.jp/

創業以来、あらゆる不況期でも着実に売り上げは右肩上がり

松江市に本社を構え、島根県全域で電気工事に携わり、昨年50周年を迎えたサンベ電気。一般家庭向けの電気工事から、店舗やオフィスビルなどの電気工事、公共施設の大型電気設備工事まで守備範囲は広い。地元でよく知られる島根県立美術館や古代出雲歴史博物館、松江歴史館などの公共施設、トンネル照明、交通信号機など大型の電気設備工事にも携わってきた。最近は太陽光発電の工事も増えてきたという。

島根県を代表する、石見海浜公園の水族館「しまね海洋館アクアス」の電気設備工事では、浜田県土整備事務所より所長優良工事表彰を受けたことからも、高い品質が認められていることが

1 最近、特に太陽光発電の工事の受注が増えているという
2 2021年4月に完成した出雲営業所の新社屋
3 2021年12月に完成した安来営業所の新社屋

よくわかる。年間にこなす工事はトータルで3000件に及ぶ。

現在、従業員は66人、松江の本社のほか安来、出雲、大田、川本、浜田の計6カ所に営業の拠点を配置し、島根県全域をくまなく活動の場としている。

コロナ禍まっただ中の現在（取材は2021年10月）であっても、今期は最高売り上げ・利益を目指している。

これは今に始まったことではなく、1971年の創業以来、当時のオイルショックのときも、1990年代のバブル崩壊後の長い不況時も、また21世紀に入ってからのリーマンショック時も、年度によってデコボコはあるものの、それら深刻な不況の影響を受けることなく、着実に売り上げを伸ばしてきた。

何が秘訣なのだろうか。

「人を大事にしてきたことですね」

2021年9月、社長に就任したばかりの安達亨氏の答えは非常にシンプルだ。

「目先の戦略や戦術よりも、まずは人としての心の持ち方、思いやり、気遣い、それを心がけてきました。そうすればお客さまにはファンになっていただけますし、新しいお客さまを生むこともできます。それが社員のやりがいや働きがいにもなっていきます」

安達社長は、会社の安定した業績の理由をこう語っている。

同社では、2002年から「倫理経営」を採り入れている。

会社の運営の基本に、人と人との関係・調和を大事にし、チームワークを重んじる考え方で、現会長の安達昌氏が社長のときに、挨拶から始まり、返事や、整理整頓など、社会人として必要な心構えを学ぶために採用した。

現在、サンベ電気では、毎朝の朝礼時、（一社）倫理研究所が発行する月刊誌『職場の教養』の輪読を続けている。何人かの社員で声に出して読んだあと、朝礼当番が一人に感想を求める。そこには全国の会員による体験談が1ページずつまとめられているが、それらのテーマは、人としての心の持ち方、継続する大事さ、気づいたことをすぐ行動に移す、など幅広い話題が掲載されている。

サンベ電気株式会社の代表取締役社長・安達亨氏

「輪読のあと、感想を求める場面では、特に新入社員はタジタジですね（笑）。でも、続けていくと誰でも堂々としゃべれるようになっていきます。それに人の感想を聞けばこの人はこういう考え方なんだと、ほかの人の考えもわかってきます。そこからまた学べることもたくさんあるんです」（安達社長）

続けることで、職場内の人間関係や、顧客が何を望んでいるのか、自分には何ができるのかを、誰もが考えるようになっていく。仕事への意欲も湧き、ひいては経営にも好影響を与

島根県のほぼ中央に位置し、豊かな自然や海・山の幸に恵まれた大田市にある、道の駅「ごいせ仁摩」の電気設備工事にも携わっている

えていく。地道な毎日の積み重ねが、安定した業績につながっている、と安達社長は語っている。

1971年、サンベ電気の前身、三瓶電気商会創業

サンベ電気の前身は1971年、現社長の祖父、小谷哲美氏が創業した有限会社三瓶電気商会だ。

哲美氏は、「国立公園三瓶山」の中腹にあたる島根県大田市三瓶町で生まれ育ち、18歳になると電気工事大手の中国電気工事株式会社（現・中電工）に就職した。そこで約30年間勤務したあと、身につけた技術をもとに故郷で独立を果たした。社名は故郷の山からとったものである。

会社は当初、哲美氏とほか3人の計4人で始め、地元・三瓶町を中心に一般家庭の電気工事、野外の照明工事などに携わった。哲美氏自身も現場で仕事をこなし、信用を重ねたことで仕事の範囲は大田市全域へと広がっていった。1973年に本社を大田市大田町に移し、77年にはサンベ電気工事有限会社に改

称、従業員も6人に増え、売上高は1億円を超えた。

着実に売り上げを伸ばせたのは、一つは面倒見のいい哲美氏の人柄によるという。そしてもう一つは、当初から「県内全域で仕事を」の目標のもと、早くから各地に営業所を配置し、地元密着の体制を築いていったことによる。

哲美氏は、1974年に、大田市の南、川本町に川本営業所を設置し、1982年には、松江市に松江営業所を設置している。

県庁所在地である松江市内に松江営業所を置いた効果は大きく、1981年の売上高は約1億2700万円だったが、営業所設置後の1982年には約1億6100万円に伸びている。

創業者の哲美氏が1989年、66歳で世を去ったあと、長男の小谷芳氏が跡を継いだ。2代目の芳氏は、体制強化のため、1994年に大田市の本社を、松江市西津田に移した。

同年、芳氏が病で倒れたため、社長は創業者の弟である信夫氏（当時68歳）が務め、1997年に浜田市に営業所を新設し、県西部への進出を果たしている。

4代目社長昌氏による経営の可視化と社員教育で、着実に営業エリアを拡大

信夫氏が高齢を理由に退いたあと、4代目の社長に就いたのが、現在の会長である安達昌氏（当時58歳）。1999年10月のことだった。当時のことを昌氏は次のように語っている。

サンベ電気株式会社の代表取締役
会長・安達昌氏

「会社に入ったと思ったらすぐに社長になれと言われて驚きました。当時、社員は30人ほど。官公庁やゼネコンの仕事が多かったですね」

昌氏は、前職が創業者の哲美氏と同じ中電工だったため、業界の仕事には詳しく、特に総務・経理の仕事には長く携わっていた。哲美氏に誘われる形でサンベ電気工事に入り、社長に就任すると、それらの経験を活かして「経営の可視化」に力を入れた。

サンベ電気では、当時から毎月一度、各営業所の所長を集めた経営会議を開催していたが、そこで昌氏は、受注高や完成工事高、手持ち工事などを含めた独自の表を作成し、進捗状況がひと目でわかるようにした。また、営業所を設置することで活動エリアを拡大していく方針も受け継ぎ、2002年には、出雲市内にある自宅の駐車場にプレハブで事務所を建て、出雲営業所を新設。2010年、鳥取県との境にあたる安来市にも安来営業所を作り、県の東部を足固めするとともに、鳥取県西部への進出も視野に入れた。

この間、2008年には、より親しまれるようにとサンベ電気工事株式会社から、現在のサンベ電気株式会社に社名を変更している。

昌氏がもう一つ意識したのが社員の教育だった。同時に仕事の品質向上も目指して、品質管理マネジメントの国際標準規格「ISO9001」の認証取得を試み、2003年4月には本社と松江営業所で、2013年には、安来、出雲の2営業所で、翌2014年には大田、川本、浜田の3営業所で、同規格の認証取得を実現している。

その間、2005年に島根に戻り、サンベ電気で働き始めたのが現社長の安達亨氏だった。

会社をまとめるために変わらなければならないのは、社員ではなく自分のほうだった

亨氏は、子どものときは父親の昌氏の転勤（当時は中電工に勤務）のため、隠岐や益田など島根県内を転々としていた。

中学、高校時代は出雲市内で生活し、地元の出雲高校を卒業すると愛媛の大学に進学した。卒業後は愛媛の機械メーカーに就職し、そこで11年勤めたあと、2005年に故郷に戻ってきた。

「会社の印象ですか？　正直言って、みんなの気持ちが合ってないように感じましたね」

亨氏は、34歳で入社した当時の会社の印象をこう語っている。周りからは給与をはじめ残業などへの不満の声が聞こえた。離職率も高かった。

自分はいずれ5代目として社長を引き継ぐ立場。愛媛では一部上場会社に11年間勤め、その経験もある。会社の足りない部分が目につき始め、やることはいくらでもある、改革しよう、そう

意気込んだ。だが、実行は簡単ではなかったという。

「やっぱり社長の息子ですからね。そんな人間が突然入ってくれれば、みんな身構えます。できて当たり前。できなければ……。最初は気付きませんでしたが、やがて一挙手一投足を見られていることがわかってきました。怖いくらいでした（笑）」（安達社長）

親しくなれたと思っても、社長の息子に本音を言う社員はいなかった。孤独を感じることも少なくなかった。自分よりずっと年下の社員に指示を出そうとしたところ、「俺のほうが先輩だ」と言い返されたこともあった。

社員の気持ちをつかまなければ――、会社を変えていかなければ――。

そう考え、先代の昌会長が社長時代に始めた「倫理経営」を学び始めたところ、考え方が180度変わった。変えなければならないのは、自分自身だと気づいたのだ。

「人が悪い、周りが悪い、環境が悪い、あげくの果てには運が悪い……。悪いのはすべて自分以外だと思っていましたが、問題が起こっているのは、自分自身に問題があるからだとわかりました。人は鏡であり、自分のあり方を映しているに過ぎません。今、このような状態なのは、すべて自分自身のせいであり、それをまず受け入れなければ。そして、なぜ、このような状況になっているのか、自分自身に問いかけなければと」（安達社長）

苦難や困難についても、次のように語る。

「確かにイヤなものですが、自分自身を成長させるチャンスです。だから素直に受け入れ、なぜ、こうなったのか、何を意味しているのか、自分自身を見つめ直すよい機会だと思うようにしました」（安達社長）。「経営者」は、常に自分自身を磨いていくことが大事だと痛切に感じた。

人を変えようとするのはやめた。責めたりすることもやめた。「なぜ自分がひと声かけてあげられなかったのか」を考えるようにした。

「社員ファースト」のスローガンのもと、人を大切にすることで生まれる好循環を目指す

現在、サンベ電気が目指すのが「民間の重視」。地域に密着して、一般消費者の需要を満たす。公共事業へ依存する体質を抜け出し、地域の真のニーズに応える。先代の安達昌氏が社長だった時代から引き継がれたもので、さかのぼれば2代目の小谷芳氏が打ち立てた方針である。

そこで重要になるのが社員教育だ。

まず電気工事に関連する高い技術を養う。

現在、社内には、電気工事の監督を務めるための1級電気工事施工管理技士をはじめ、工事に携わるための第1種電気工事士などのさまざまな資格を持つ社員が多数いる。これらの資格取得者を増やしていきたい。そのため同社では、1級電気工事施工管理技士資格をはじめ、合格した場合は受験回数に応じて祝い金を支給している。また、資格取得のための準備講習費用などもす

べて会社が負担している。

もう一つが人間力を磨いていくこと。朝礼での輪読のほかに続けているのが毎週水曜日の一斉清掃だ。朝礼が始まる前の朝7時半から、本社を含む六つの営業所で一斉に社屋の前の歩道と車道の縁の部分を数百メートルにわたって清掃している。

「10年以上ずっと続けてきたことで、地域のみなさんとはお互いに自然に挨拶を交わせるようになりました。本社前の道路は通勤や通学にも使われていて、朝は小学生の子どもたちも通ります。今では向こうからも挨拶してくれますね。地元の金融機関からも一緒に清掃活動に参加させてほしいと申し出をいただくようになり、地域とのつながりを強く感じます」（安達社長）

地道な活動の成果は、仕事にも現れ始めている。

電気工事の仕事を終えたあと、必ずユーザーアンケートを取っているが、そこには「説明が丁寧」「挨拶が気持ちいい」「対応が早く、また仕事を頼みたい」といった声が出始めた。

作業車の会社での駐車で褒められることもよくある。営業や電気工事で現場へ向かうため会社のロゴをあしらった軽バンを用いているが、所定の場所にきちんと駐車し、必ずタイヤに車止めを置くようにしている。また、毎週末必ず全作業車を洗車している。地域の人たちはそんな細かなところまで見て、仕事に対する会社の姿勢がわかると評価をしてくださる。こうした評価を聞いた社員は、さらに仕事へのモチベーションがアップする好循環となっている。

「気持ちは仕事に現れます。社長になった今は、社員のみなさんにどうすれば気持ちよく働いてもらえるかをいつも考えています。働きやすい職場、働きがいのある職場を作ることが当面の目標です」と安達社長。その一環として、福利厚生の充実にも力を入れている。社員の資産形成支援のため、今年度から職場積立ＮＩＳＡを導入した。超高齢化社会を迎え、人生１００年時代といわれるようになった昨今、今後豊かな生活を送るためには資産形成が必要だと考え、会社が特別報奨を出す形で職場積立ＮＩＳＡを推奨している。さらに定年を70歳に引き上げ、希望すれば75歳まで継続して働けるように制度を整えた。

また、２０２１年4月に出雲営業所を、２０２１年12月には安来営業所をそれぞれ新築した。

“丁寧”なのは仕事だけではなく、作業車の駐車においてまでも行き届いている

安心して快適に働ける職場があれば、社員は仕事に集中でき、お客さまの笑顔を想像しながらよりよい仕事ができるようになる。丁寧な仕事が評価されれば社員のモチベーションは上がり、さらに仕事の質が上がっていく。実際、新しい営業所での社員の士気は上がっているという。

経営の根幹に〝人〟を置くことで、社員も顧客も地域もよくなる。そんな好循環を作っていくことが安達社長の目標だ。

（自動車販売・整備）

島根日産自動車株式会社

自動車も社会も変わり続ける
からこそ、柔軟な発想と
果敢なチャレンジ精神で、
新たな課題を克服していく

急速な自動車の進化により、スタッフの応対にもさまざまな変革が求められる

設立／1946（昭和21）年12月

事業内容／自動車の販売及び修理

資本金／4000万円

従業員数／223人（2021年4月現在）

所在地／〒690-0024 島根県松江市馬潟町362-2

URL ／ http://www.shimane-nissan.co.jp

ネット普及で購買行動に大きな変化、売る側はどうする？

「お客さまは、まずインターネットで検索して必要な情報を手に入れます。どのような車なのかを調べて十分な知識を頭に入れてから、最終的に私たちのところにやってきます。そうして実際に触ったり、試乗したり……。さすがに通販で購入するには金額は大きすぎますからね（笑）」

島根県で日産自動車の販売に携わる島根日産自動車の社長を務めている櫻井誠己氏はこう語る。櫻井氏は、ほかにも日産サティオ島根と、鳥取の日産プリンス鳥取販売の社長も務めている。

島根だけでなく鳥取でも自動車販売を手がけている櫻井氏の話によると、今、自動車の買い方が大きく変わっているという。

1 島根日産自動車株式会社のショールーム（雲南店）
2 新車紹介やイベント案内など、スタッフによる動画が数多くアップされている
3 軽の電気自動車「SAKURA」

島根日産自動車株式会社の代表取締役社長・
櫻井誠己氏

消費者が新車の存在を知るきっかけになるのは、テレビや新聞、雑誌の広告で昔とさほど変わらない。だが、そのあとの行動は大きく異なる。パソコンやスマートフォンで車の仕様、性能、評判まで細かく調べ上げ、十分に知識を身につけてから、ディーラーの店舗を訪ね、自動車を触ったり試乗したりする。そうして、ようやく納得した上で購買を決めるというのだ。

自動車についての関心そのものも変わったという。たとえば、従来のように車の加速性や燃費にこだわる人は少なくなった。その代わり、車の環境負荷に関心を払う人が増えた。

「社長を務めて27年になりますが、確かに1990年代以降、自動車は売れなくなり、〝曲がり角〟というべき事態は何回かありました。が、これほど大きな変化は今までにはありませんでした。どう対応していくか、大きな課題です」(櫻井社長)

島根日産自動車は、1946年、現在の櫻井誠己社長の祖父が松江市内で創業した。高度経済成長とともに自動車販売は急成長したが、1980年代末にバブルが弾けると日本は不況期に入り、自動車業界も例外ではなかった。90年代後半、日産自動車が経営危機に陥り、フランスのルノーと資本提携して、カルロス・ゴーン氏のもとで再建を図ったことは周知の事実である。

自動車販売業界でも経営の効率化が求められた。１９９４年、島根日産自動車は山陰酸素グループの傘下に入り、２０００年には日産プリンス鳥取販売がグループに加わった。その後、２社の業務を一本化する「ワンオペレーション」が進められた。２００９年にはさらに日産サティオ島根が加わり、既述の通り、３社とも櫻井社長が社長を務めている。

これまでは自動車が売れなくなったことが問題だったが、今はネットの普及により、事態は別の次元へと突入している。販売する側にも大きな変化が求められている。

以前は顧客に気に入られれば、車の買い替えも、顧客の家族の自動車の購入も任せられることが多かった。だが、他社の情報が手軽に入手できることで、乗り換えが簡単になった今は、日産車を選んでもらうために、特別に知恵を絞る必要が出てきたのだ。

電気自動車の登場で、ライフスタイルは一変する

島根日産自動車のホームページには、インターネットによる情報発信を有効活用すべく、新車やイベントの案内とともに数々の動画コンテンツが並んでいる。

店のスタッフが新車の機能を紹介する動画や、おすすめの車の試乗を呼びかける動画など、さまざまなコンテンツが並んでいる。たとえば、「駐車が苦手なアナタへ！」という動画では、女性スタッフが自ら運転席に座り、ハンドルから手を放して駐車する様子が収められている。日産

自動車の「プロパイロット機能」(自動運転)の紹介だ。

また、新車の紹介でも何人かのスタッフが登場して、それぞれ自分の視点でおすすめポイントを示すなど、個人の意見が前面に出ているコンテンツが多い。

話題は自動車に限らず、出雲店では、10月を「神無月」ではなく「神在月」と呼ぶ出雲地方の伝統を紹介したり、地元のレストランへ出向いてのレポート動画もある。

「現場の若いスタッフが、自分でこれはと思った情報ならばショールームを飛び出してどこへでも出かけ、自分のスタイルで撮影してアップしています。自動車をテーマにするときも機能の説明だけでなく、実際に利用したときにどう便利なのか、自分がどううれしかったのか、ちょっとした感動も伝わってきて、それがお客さまへのよいアピールになっていますね」(櫻井社長)

スタッフが、自分なりの意見を自分なりの表現で展開していく様は新鮮で、短時間だが人柄も伝わってくる。巷では、ありとあらゆる情報が溢れているが、そんな中でも地元の消費者がつい興味を持って見てしまうような内容になっている。ちなみにスタッフたちは、従来の販売員という呼称ではなく、カーライフアドバイザーやコンシェルジュと呼ばれている。

車をどのように使えばより便利になるのか、よりよい生活ができるのか――生活の中での自動車の新しい役割を紹介していくのだが、それは自動車そのものが大きく進化していることに深く関係している。進化の筆頭といえるのが「電化」。実は、電気自動車というのは単にエンジンをモーターに置き換えただけのものではない。

「V2H—ビークル・トゥ・ホーム、自動車を家庭でどう利用していただくか。たとえば停電時、電気自動車を保有していればその蓄電池の電気を使うことができます。安い夜間電力で充電すれば、従来のガソリン代の10分の1程度で済むという試算もあります。普段から夜間電力で自動車に電気を貯めて使えば、いつもの暮らしもレクリエーションも、ライフスタイルは一変するでしょう」（櫻井社長）

また、自動車の「情報化」の進化も著しい。ナビゲーションはすでにおなじみだが、今はナビの画面で検索も音楽や動画を楽しむこともオンラインゲームも可能である。バッテリーの使用量や電費（燃費）など、自車の情報を自分のスマホで知ることもできる。櫻井社長自身、電気自動車を使って実験中だという。

日産の最新の電気自動車「アリア」

「雪が降った日には、電気の使用量が多くなっているのがひと目でわかります。いろいろなことが見えてくれれば、どうすれば節電できるかも考えるようになります。たとえば、電費を上げるために急激な発進や加速を避けるようになります」（櫻井社長）

家をスマート化しておけば、帰宅前、自動車の中から家のエアコンをつけたり、風呂を焚《た》いておくこともできる。

「若者の自動車離れが懸念されています。家でゲームをしたりスマホをいじったり、そんな人たちが多くなっているようですが、実は自動車のほうがそんな人たちに近づいています。理解が進めば新しい需要も生まれてくるはずです」と、櫻井社長は語る。

人口減少や高齢化も、技術と情報、自在な発想で解決していく

今後、社会の変化はますます加速する。足元では人口減と少子高齢化という深刻な事態が進んでいる。

「高齢になって免許を返上する人たちも確実に増えています。しかし、島根では自動車が生活の必需品であることはこれからも変わらないでしょう。一部は公共交通を利用し、一部では自家用車を利用する。そんな使い分けをしながら新しい生活のパターンを作っていく必要があります。その過程で生じる課題を解決していくことが、車を扱う我々の大事な仕事になります」（櫻井社長）

そのために今以上に柔軟で自在な発想が求められる。社内では挑戦や試行錯誤がしやすいように、先輩後輩の上下関係はなるべく作らず、誰でも思ったことを口にできる雰囲気を作っているという。ときには失敗もあるが、「みな打たれ強い」と櫻井社長は温かく見守っている。

櫻井社長は、地域社会の中で、自動車販売業や整備業の存在はますます大きくなっていくという。地方が抱える多くの問題に、迷いなく立ち向かっていけるような前向きで明るい人材を求めている。

（ 測量 ）

株式会社トーソク

ICT技術を駆使した測量技術に
とどまらないトータルサービスで
地元の土木・建築工事を支える

今では当たり前になりつつあるドローンによる測量

設立／2010（平成22）年5月6日
業務内容／3次元起工測量（UAV、3Dレーザー）はじめ測量作業全般
資本金／500万円
従業員数／19人（2022年4月現在）
所在地／〒693-0013 島根県出雲市荻杼町482番地
URL ／ http://tosoku-izumo.jp/

リクルートに力を入れるべく、自社の紹介動画にあっと驚く演出を用意

島根県出雲市に本社を置くトーソクは、土木・建築工事では欠かせない「測量」に特化した会社だ。

ホームページのトップページにある、会社の紹介動画に驚く。女性レポーターがトーソクを訪問し、若い社員の案内で「測量」という世界をのぞいていく。レポーターは、ベテラン社員が平面図をもとに構造物を３Ｄでコンピューター上に作り出す様子に驚いたり、ドローンの操縦を体験してみたりする。たどたどしくも馴染みのない「測量」を必死にレポートするそのさまは、「測

1 株式会社トーソクの代表取締役を務める神田栄里子氏
2 地上型レーザースキャナーを使った測量風景
3 測量機がデザインされたトーソクのオリジナルユニフォーム

斬新な演出で誰もが驚く、サイトのトップページにある自社の紹介動画

量」を知らない視聴者でも、一緒に未知の世界へ踏み込んでいくような気にさせてくれる。

が、最後の最後になり、実はその女性レポーターは、トーソクの社長、神田栄里子氏だったという衝撃のオチで終わる。

「若い人の目に留まる内容にしたかったんです。ここ2～3年はリクルートに力を入れていて、社内でもリクルートチームを作ったんですが、チームの中で手をあげてくれた社員が、プロデュースしてくださった方と相談して作りました」

動画と変わらぬ笑顔でこう説明してくれるのは神田社長本人だ。神田社長が動画で見せる「素人っぽさ」は、あながちウソではなさそうだ。社長を務めている以上、「測量」の豊富な知識は持ちつつも、創業以来、自らを「ただの事務員」と位置づけ、プロたちを支え、仕事をいかにやりやすくできるか、いかに仕事にやりがいを感じられるか、そこに専念してきた。

父親の仕事は嫌いだったものの、「ただの事務員」がいきなり社長に就任

「ある日、父と母から『会社を手伝ってほしい』と言われました。父は建設コンサルタントで、当時、社員さん80人ほどの会社を運営していました。母も一緒に切り盛りしていたのですが、忙しくてどうしようもないというんです。二人とも滅多に弱音は吐かないので、よほどのことだったのだと思います」

トーソクの創業は2010年5月。その1年ほど前、神田社長には二人目の女の子が生まれたばかりで、土木建設とはまったく違う仕事に就いていた。文字通り「事務員」だったという。だが、「異例」ともいえる父母からの願いで土木・建設業界に踏み込んだが、実は父親の仕事についてては「いいイメージはなかった」という。

子供の頃、父親はいつも夜遅く帰ってきた。母親は美容師として働いていたが、父の仕事が徐々に忙しくなるにつれて会社の経理を手伝うようになり、やはり夜遅くに帰宅するようになった。そんな経験からだ。

だが、実際に手伝い始めると、その見方は少しだけ変わった。取引先はみな父親のことを頼り、誰もが「感謝している」と口にした。「父の背中を初めて見た」（神田社長）思いだったという。

仕事に打ち込むことにしたが、しだいに単なる手伝いでは済まなくなった。父親は、会社の「測量」部門を切り離して別会社にするので、その社長になれという。驚き、自分にはとても務まらないと思ったものの、必死に働く父母の姿を見て断ることができなかった。

こうしてトーソクが誕生した。

「トーソクのソクは『測量』のソク、『トー』は父の会社の名前の一部を引き継いだものですが、一説によれば『闘』という意味とか。勇ましくなければやっていけなかったということなんでしょうね」（神田社長）。公共事業がまだ盛んだった最後の時期で、「闘って」成果を勝ち取るという考え方が成り立つ時代だった。神田社長を含め、9人での出発だった。

最新機器を駆使しながらの「測量」だけでなく、データ処理、資料作りまで一貫して行えるのが強み

創業当時から現在まで、トーソクが関わってきた代表的な仕事は、山陰道の工事である。鳥取から島根、山口の日本海沿岸を貫く全長380キロの高速道路だが、2022年4月現在、半分以上が開通し、今もなお各地で工事が行われている。

「現場監督さんの仕事は山ほどありますが、測量もその一つ。資料をチェックする『設計照査』から始まり、工事が始まる前はもちろん、工事の最中も、また工事が終わったあとも測量をして、役所に報告する必要があります。実際に測量を行い、得られたデータを成果物としてまとめるところまで当社で行います」（神田社長）

測量技術は、国土交通省が推し進めている「i-Construction（アイコンストラクション）」の方針で、急速に進化している。ドローン（UAV）を飛ばし、測量することは今では当たり前になった。

工事が計画通りに進んでいるのかを確認するには、まず、地形を正確に把握する必要がある。そこで、ドローンを使い、空中から該当の土地をあらゆる角度から撮影してデータ化する。

性能の向上が著しい「地上型レーザースキャナー」は、レーザーを連続的に照射して周辺の構造物や地形までの距離を測る装置だが、セットすれば自動的に働くので測量の時間が大幅に短縮される。また、スキャンしたデータにより地形や構造物を3次元で再現できる。

人工衛星からの電波を受信して、地上での位置を正確に把握する「GNSS（衛星測位システム）受信機」を用いることも多くなった。

トーソクでは、実際にこれら最新機器で測量するだけでなく、得られたデータが工事に役立つよう、専用のソフトウエアで解析して3Dの画像にしたり、国土交通省はじめ公的な関係機関へ提出する資料として、見やすい形でまとめるところまで行う。測量に関連する仕事ならば、その前後の業務も含めて全般的に請け負っているわけだ。

山陰道の工事でトーソクが関わった島根県内の現場は、ピーク時では年間100カ所を超える。これは、県内で行われている山陰道の工事現場の6～7割に相当するという。

鳥取・島根・山口を結ぶ山陰自動車道の工事では、年間100カ所を超える測量を行ったこともある

港湾や河川もトーソクにとって大事な仕事の場である。

船舶が海底や川底をこすらずに通れるよう、港湾や河川の底の土砂をすくい取るのが浚渫《しゅんせつ》工事だが、そこでも測量は欠かせない。「船にマルチビームというソナーを設置して、海や川の底の地形を撮影し、解析して3Dデータを起こします。出雲の斐伊《ひい》川、港湾では十六島《うっぷるい》、西のほうへも出向いて、浜田港でもお仕事をしてきました」（神田社長）。

まず工事計画を立てるため、船に備え付けたソナーで対象とする海底や川底のデータを採取し、3Dの地形図を作る。工事中、工事後も同じように測定して地形を把握し、どれほど土砂をすくい取れたのか、「土量」を計算して工事の成果を目に見える形にする。今後も「測量」はいろいろな分野において大事な仕事であり、無限に拡がる世界であると確信しているという。

現場で測量したデータを解析して、3Dデータを作成する業務も行っている

経営環境が急激に変化する中、一人ひとりが力を発揮できる経営を模索

山陰道の仕事は今後も重要な仕事であることに変わりはない。だが、一方では、公共事業その

ものが減っているという現実がある。どのように会社全体の舵を取っていくか――。それは神田社長にとって、会社を立ち上げたときからの課題でもある。

「父の会社では、父が『こういくぞ！』とトップダウンでやっていたんですが、私にはそんなことはとてもできません。時代もすっかり変わりました。変化に対応するためには、（社長の）私一人の力ではなく、みなさんの力と一緒になってやっていかなければなりません」（神田社長）

創業後は、すぐに人事制度や就業規則などの基本的な〝ルール〟を定めた。不公平感をなくし、終業時間になれば、すぐに家に帰れるようにするためだ。また、社内をもっと発言しやすい雰囲気にしたいとも考えたという。

というのも、当初は黙々と働き続ける社員たちに尊敬の念を抱いていたが、同時に、何かを我慢しているのではないかと不安になったからだ。その後、あるベテラン社員が、子供の入学式や卒業式に行ったことがないと言っているのを聞き、抱いていた不安が的中する。

「私も子供が3人いますが、毎日の瞬間、瞬間、その成長ぶりを目にできることはすごく大事なことだと思っています。入学式や卒業式などのセレモニーに参加できなければ、子供の成長を感じられる機会は大きく減ってしまいます。家族や自分を大事にする、という当たり前のことができれば、もっと心が豊かになれる。心が豊かになれば、周りの人にも意識が向き、優しくなれる。そう思いました」（神田社長）

自分と家族を大事にし、社内では言いたいことを自由に言える雰囲気にすれば、他者を尊重しつつ、一人ひとりが力を発揮できるに違いない――。それが、トップダウンに代わる会社を導く一つの方法に思えたが、具体的な取り組みがわかってきたのは最近になってからだという。

現場を見て話を聞いて確信した、「測量はカッコいい」

2018年、島根県の中小企業家同友会で「経営指針成文化セミナー」を受けたことが契機になった。

「会社の理念や10年ビジョンなどの『経営指針』を形にするのですが、その際、私は『測量』という仕事を徹底的に深掘りすることにしました。自分たちが取り組んでいる事業って、本当はどういうものなのだろうと」（神田社長）

現場に出向いて社員たちの仕事ぶりを直に目にしたり、現場監督にも話を聞いた。

「みなさん『いつも（トーソクの社員には）お世話になってものすごく助かっている』とおっしゃいました。こんなに喜んでいただいていることを、当人たちは知っているのだろうか。これはぜひ伝えなければ――。社員だけでなく、そのご家族にも伝えたいと思いました」（神田社長）

かつて自分が父親の仕事を見直したことが頭をよぎった。さっそく社内で、トーソクの仕事に対して喜んでもらっている現場監督の言葉を伝えるとともに、「測量の仕事はカッコいい」ことをもっと世間に広く伝えていこうと決心した。

今ではすっかり定着している、デニム素材で作られたオリジナルユニフォーム

オリジナルのユニフォーム製作もその一つ。素材にはデニムを使い、背中には三脚に乗った測量機をあしらった。「測量」を仕事にしていることがすぐにわかる。当初は、社内で猛反対に遭ったが、今ではすっかり定着している。

会社のホームページも制作した。データ解析や、ドローンの操縦、社内での働きやすさなど、会社の特長をコンパクトに盛り込んだ動画が、若い人の目に留まるよう、ひと工夫したことは既述の通りである。合同説明会などにこまめに参加したことも効果を上げ、２０２２年度は２人の新入社員の獲得に成功している。

社内の交流を図るために企画されたランチ会は、毎月第４金曜日の昼、社員が好きなメニューを選び、みんなで一緒に食べる。工事現場に出向いて食べられない社員には持ち帰ってもらう。「同じ釜の飯を食べる」ことを形にしたかった。仕事の話はなるべくしないようにしているが、「年齢がら、最近は『肩が凝る』『膝が痛い』など健康の話題が多い（笑）」（神田社長）とのこと。

以前は、社内の交流を促す目的で「シェア会」を開いていた。違う部門の人間が集まり、自分の取り組んでいる仕事を紹介していく。小さな会社なのでお互いによく知っているつもりだが、意外にも互いの仕事について深くは知らなかったため、お互いを理解するのに役立ったという。

現在「シェア会」は、「リーダー研修」に統合されて、同じ趣旨で継続されている。リーダーと将来のリーダー候補がメンバーとなり、やはりお互いの仕事の理解を深めるのと同時に、テーマを絞り、仕事をこなしていくためのスキルについて話し合う場になっている。

こうした積み重ねにより、社内の風通しは少しずつよくなっていった。

「測量」の技術を応用して、地域に貢献できる新規事業を

「現場監督さんって一人ひとりに〝色〟があって、性格も違えば、仕事の仕方も違います。また、役所に提出する資料などの成果物に求めるものも違います。そしてその人に合わせたやり方で対応している（トーソクの）社員が評価されたり感謝されたりしています。『測量』とは、本当にサービス業なんだなと思います」（神田社長）

今、会社で取り組もうとしているのが「顧客管理」。現場監督のニーズは一人ひとり違うものの、それを把握しているのは担当するトーソクの社員個人。その情報をオープンにして、会社全体の財産にしたい。より一人ひとりの現場監督のニーズに対応できるようになり、同時にそのように取り組む姿勢を、トーソクのカラーとして打ち出していける。

2022年度はイノベーションチームも作った。

「自分たちがやりたいことを実現できる会社にしていこう。それが目標です。測量は今では本当に幅広い分野で応用されています。たとえば、測量で得られる3Dデータを用いれば、VR（仮想現実）の世界を作り出すことができます。それで何かできないか——すでにそんなアイディアが出ています」（神田社長）

「尖っている社員たち」（神田社長）のアイディアを形にしたい。それを仕事として形にするかどうかの選択の基準となるのが、〝地域に役立っているかどうか〟。

「地域のお客さまのお役に立ちたい。そんな父の思いを私も受け継いでいきます。社員さんだって同じ思いで仕事をされているはず。若い人にも伝えていきたい。そうすることで、地域も世代もつながっていくんだと思います」（神田社長）

現在、会社として二つの「行動計画」を進行中とのこと。

一つが、現在1人の女性技術者を、2024年までに3人以上にすること。女性が働きやすい環境を整え、教育体制やマニュアルも見直していく。もう一つがワークライフバランスを向上させること。全社員の有給休暇の取得率を平均50％以上にすることが目標だ。

2022年春には、新しく2人が入社して社員は全部で19人になった。アットホームな雰囲気に包まれた職場で、社員同士が互いに切磋琢磨しながら、会社はますます進化を遂げている。

地域の基盤を支え続ける島根の注目企業

土木建設

株式会社毛利組

山陰随一の「深礎工事」の技術と「人間力」で
「地産地消の土木版」を実現する

深礎工事の作業風景

設立／1972（昭和47）年12月（創業／1968〈昭和43〉年3月）

事業内容／土木工事業、舗装工事業ほか

資本金／5000万円

従業員数／70人

所在地／〒697-0062 島根県浜田市熱田町1461番地

URL ／ https://mourigumi.jp/

※ 本記事は、2021年3月に行われたインタビューをもとにまとめられたもので、
掲載内容は取材当時のものです。

橋の基礎のそのまた基礎になる「深礎工事」

島根県の中央よりやや西、浜田市に本社を置く毛利組は、土木建設全般に携わりつつも、その中でも橋脚のための基礎工事、「深礎工事」の技術を誇る企業である。

橋は、何本もの橋脚によって支えられている。山間での橋脚の高さは、数十メートルにも及び、それだけのものを支えるには、地中にもしっかりとした土台を埋め込まなければならない。地中深くまで鉄筋コンクリートを打設して頑強な土台──基礎杭を作るために地中深く縦穴を掘る掘削工事が「深礎工事」だ。

毛利組は、中国地方で深礎工事ができる数少ない企業で、特に深さ25メートル級の工事ができ

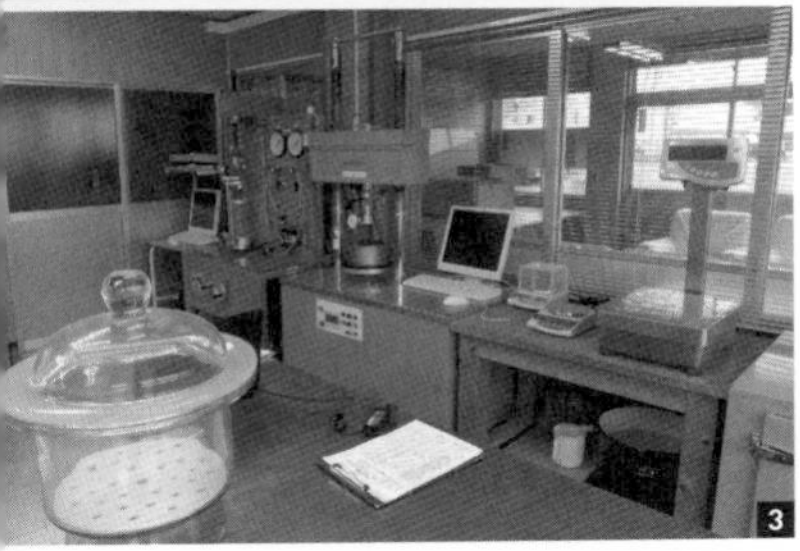

1 浜田市にある株式会社毛利組の本社
2 毛利組が橋脚を支える深礎工事を手がけた、浜田港と山陰道を直結する浜田港臨港道路
3 自社内に設けた土質試験室。土や地盤の特性を調べることで地盤改良のコスト削減や品質の向上が可能に

るのは毛利組だけだという。地元の浜田市や島根県内ではもちろん、隣接する山口県や鳥取県、広島県、ときには兵庫県、大阪府にまで足を延ばして工事を行ってきた。

「橋梁の基礎が橋脚ですが、深礎工事はそのまた基礎の仕事。我々は基礎の基礎を担っている。いつまで掘っても岩盤に至らなかったり、逆に数メートル掘っただけで〝岩〟が現れ、それを発破をかけて割らなければならなかったり……。とにかく掘ってみなければわからないことは多く、どれほどの仕事になるのか、それを見積もれる力と、実際に作業に携わる人たちとの信頼関係、それがかみ合って初めて仕事が成り立ちます」

深礎工事の大変さをこう表現するのが、毛利組の毛利栄就社長だ。

鳥取、島根、山口の3県を結ぶ全長380キロの山陰道は現在約半分が開通し、残りの工事が進んでいる。この工事にも毛利組はいくつかの箇所で関わってきた。その中の一つが、浜田市内を走る「浜田・三隅道路」の西村高架橋の深礎工事。

橋の全長は385メートル、それを計10本の橋脚が支える構造だが、下は深い渓谷で、橋脚の高さは最大45メートルにも及ぶ。オフィスビルでは10階以上、マンションでは15階を超える高さ。それだけの橋脚を支える土台を作るため、コンクリートを流し込む長い縦穴を掘った。

浜田港は島根県で唯一の国際貿易港だが、その土木工事にも同社は関わってきた。

中でも、港と山陰道（浜田・三隅道路）とを直結する浜田港臨港道路の建設は、物流を大きく効率化し、港を利用する企業を増やしたり、地元の雇用へ貢献するとの期待は大きい。

この道路は、埋め立て地から山間の山陰道まで、港の既存施設を迂回しながら建設していく。毛利組は、そこで不可欠な存在である橋脚を支えるための深礎工事で役割を果たした。

ただ、仕事の範囲は深礎工事だけにとどまらない。

山陰道の工事では、道路を通すため山地を切り開く地区改良工事、道路を舗装する舗装整備工事、ジョイントベンチャーによるトンネル工事にも携わった。さらに、住宅の区画整理工事も行う。

毛利組の代表取締役社長・毛利栄就氏

重機を保有するのも自前、できることすべてを自前で

毛利組は、1968年3月、現在の毛利栄就社長の父親、毛利建進氏が創業した会社である。

浜田市内の水道の配管工事や建築基礎工事などの下請けから仕事をスタートし、やがて、建進氏が以前働いていた、道路建設を行う建設会社から仕事を受注して舗装道路の工事も始めた。仕事が増えていくにつれその領域も広がり、土木全般の工事に携わるようになった。

総合建設業として知られるようになった毛利組だが、創業から20年が経過した1990年、「深礎工事」に取り組み始めた。

縦穴の掘削に使われる深礎掘削機

「『土は無限』。それが父の発想でした。最初は山口や大阪の同業者に教えていただきながら技術を身につけましたが、やがて自社でも機械を揃え、自力でできるようにしていきました」（毛利社長）

仕事の領域は広がったが、建進氏の方針で建築には手を出さず、あくまで土木建設に集中して仕事を選んだ。建進氏は、土木の可能性を追求し、専門を極めるうちに、難しい「深礎工事」に自社の道を見つけたようだ。

専門業者に教えを請い、島根県で初めて深礎掘削機を保有したのを手始めに、専用の重機を自前で揃え始めていく。

2008年5月、毛利健進氏は会長となり、毛利栄就氏が社長に就任したあともこの方針は引き継がれ、現在、毛利組では、深礎掘削機5台をはじめ、一般土木工事のためのパワーショベル、クレーン、ブルドーザー、ローラー、道路舗装用のフィニッシャーなど、多数の重機を自社で保有している。県内の同業者の中でもトップクラスの保有数だ。

「土は無限」の言葉も受け継ぎ、約10年前には、自社の技術開発戦略室内に土質試験室を設置した。島根県西部の石見地域では初めての試験室だった。

土や地盤を採取して圧縮試験などで物理的な特性を調べ、構造物を設計したり、施工方法を選ぶために役立てている。深礎工事ではもちろん、地盤改良の工事でも応用可能である。

生まれ育った地元のために……。目指すは「地産地消の土木版」

重機を自社で保有することも、また、土質試験室を自社内に設置することも、「地産地消の土木版」を実現するための手立てといえるだろう。

「島根県から発注された仕事は、島根県のお金で支払われます。当然、島根県民が潤わなければ……。生まれ育った島根を大事に考え、そのためには何ができるのかをまず考えたい。『地元愛』ですよね」と毛利社長。

社長に就任する以前、まだ専務を務めていた2006年1月、今井産業との共同出資で、「西日本土地改良」を設立したのも「地産地消の土木版」の一環だ。土地改良を専門にする企業としては、島根県西部で初となる。

2016年には、やはり今井産業との業務提携で、道路の舗装に使われるアスファルトを自前で調達する共同アスファルトプラントも設立している。

「我々の仕事は、我々が決めて、我々がやる。その気持ちで

住宅道路から高速道路まで、さまざまな舗装工事に対応している

災害時には、昼夜を問わず復旧工事を行う。まさに地元の暮らしを守る、なくてはならない存在だ

しかないですよね」（毛利社長）

地元を思う気持ちは、特に災害時や降雪時の対応にも現れている。

浜田市内の中でも山間部にある金城営業所付近は、冬ともなれば大雪に見舞われる。

金城営業所では、常に雪かきのためのタイヤショベルを用意し、雪が降った日は早朝3時、4時に出発して、主要な道路の除雪を行う。道一本が通れなくなっただけで住民の生活には大きな支障が出る。朝の通勤時間前までにはすっかり除雪を終えるようにしておく。

災害時はなおさらだ。

２０１７年7月、島根県の中部から西部にかけて大雨が降り、浜田市の金城町波佐《はざ》では県道で土砂崩れがあった。そのため民家14世帯が孤立する事態に陥った。

毛利組の金城営業所はもちろん、本社からも社員総出で復旧に力を尽くした。

「バケツを引っくり返したような尋常じゃない雨でした。土砂崩れが起こることは容易に予測がつきました。社員全員に連絡をとって、出られる人間みな出ろと指令を出し、役所にもこちらから『今から出ますから』と電話しました。８割ほどは弊社が応急で復旧したと思います」（毛利

社長）

土砂で塞がれた道はブルドーザーでかき出し、自動車が通れるようにした。雨は降り続けていたため、崩れそうな危険箇所には水を逃がす通り道を作ったり、えぐれて通れなくなった道には土のうを積み上げて応急修理もした。作業は一昼夜に及び、みなほとんど寝ずに対応した。

哲学を持った「人間力」の高い集団でありたい

「できるまでやる。できないとか、最初からよそに任せればいいという発想はありません。うちは従業員、作業員まで全部抱えてできるまでやるんです。会社の基本的な理念です」（毛利社長）

コロナ禍でこの2年ほどは苦しんだ。発注自体が減っただけでなく、発注した仕事についてもいつから始められるのか、打ち合わせそのものが難しく、時間だけが過ぎていく。そのため通常に比べて、非常に短い工期で工事を進めなければならなかった。だが、それも全員で乗り切った。

技術も設備も大事だが、「一番大事なのが〝人〟、そして仕事には哲学が必要」と、毛利社長は語っている。

毛利組では社員教育に力を入れ、入社するとまずは社会人としての心得を学ぶ。挨拶や身だしなみ、社会人としてのマナーを学びながら、具体的な仕事一つひとつに触れつつ、1年後には、図面の見方や施工計画、測量、建設機械の安全運転管理などの技術を習得していく。

現在は、新型コロナの蔓延で控えているが、富士山の麓の、土木建設業の実務全般を集中的に研修できる静岡県富士宮市の富士教育訓練センターに社員を送り込み、技能の習得に励んだこともあった。

これら技術的な能力を習得することにより、「深礎工事」をはじめ土木全般のための優秀なオペレーターの育成を実現している。

一方、仕事に対する姿勢は、毛利社長自ら社員に語りかけて教育を行っている。

「必要なのは高い『人間力』です。感謝する心、挨拶、謙虚な心を持った人材こそ、多くのことを学べますし、成長していくことができます。毛利組が誇る高い技術や安全への取り組みは、そのような人材を抱える集団だからこそ可能になります」

新卒、中途、毎年何人かの社員が入ってくる。だが、続くかどうかは3年経ってみなければわからない。

早い者では、4月に入社して5月の連休明けに辞めてしまう。それを乗り越えても3年後の成人式が大きな転換点になることがある。

同年代の人間と会って話すうちに、土木の仕事の辛さ、苦しさが改めてわかってくる。ほかの仕事がよく見え始め、今ならまだやり直せるのではと思い始めるのだ。

本当の意味で土木の仕事の意義を理解し、やりがいを見つけられるのは、それを乗り越えたあとのことだという。

2011年、社員寮を建てた。独身向けに7室、家族で入居できる棟が2室ある。実際、夫婦で住んでいる社員もいる。

「県外から移ってきた社員、遠方から長距離通勤していた社員、いろいろ事情はあります。本当は寮母さんでもつけて何から何まで面倒をみてやりたいが、みんな社会人。学生ではないですからね」（毛利社長）

社員一人ひとりにもっと近づきたいところだが、今は距離の取り方が難しい。せめて苦しい時期を乗り越えられるよう、通勤や経済的な負担を少しでも軽くしてあげたい。そんな気持ちから新設した。

できることは自分の器量の限り、社員を見続けること

毛利組の経営理念は、「社会の求める価値ある仕事、価値ある技術を提供し、企業を発展させ、社会に貢献するために適正利潤を追求し、従業員の幸福と企業の利益を一致させること」だ。社会への貢献とともに、社員の幸福を追究し、その二つを両立させる。

「会社に価値をもたらすのは社員。みんな真面目に働いてくれるから会社も成り立つ。どんな難題が持ち上がっても、ぶつかり、こなしていく。そうして得られた利益は、社員にお返しできる範囲でお返ししていきます」（毛利社長）

2018年、創業50周年を記念にして開催された「感謝の集い」

土木の仕事に携わる以上、災害時や降雪時などの緊急時には真っ先に現場に駆けつけ、復旧に尽力することが期待されている。

それを社員が本当に幸福と感じられるのか。危険な目に遭う可能性もあり、当然、誰もがそのようなことを望むわけではない。

「働き方改革」を進める必要もあり、土木の仕事と社員の幸福とを両立させることは非常に難しい。今も大きな課題である。

「それでも目の前の仕事に真剣に打ち込んでいくうちに、自分の中に哲学ができていきます。現場で仕事をする人間だろうが、社長だろうがみな同じです。それができて初めて〝人間力〟が高まる。人間力とは、考える力、実行する力、そして生きていく力です。人間力がないと社会でも家庭でも、生き続けることはできない。逆に、人間力の高い人たちが集まっている集団は強い。そんな

企業になることが目標です」(毛利社長)

２０１８年5月、創業50周年を記念して「感謝の集い」を開いた。

通常、土木建設関連の企業が開くこの種のパーティーでは、取引先をはじめ土木建設の行政関係者など、仕事に関連した人間を招くことが多い。だがこのときは、社員とその家族、ＯＢ、ＯＧたちを招き、日頃の感謝の気持ちを伝えた。

「毎朝出勤して社員の表情を見ると、うまくいっているのかいないのか、やる気があるのかないのか、調子がいいのか悪いのか、現場がどうなっているのかがわかります。地方の小さな会社ですから、自分の器量の限り、社員を見ていきたい。今はそれだけ。それ以上のことはわかりません」と語る毛利社長の表情からは、不確かな未来にあれこれ思い悩んでも仕方ない――、ただ日々の一歩をしっかり歩んでいく――そんな強い決意が感じられた。

特別インタビュー

ご縁の国・島根県中小企業家同友会の取り組み

ご縁の国・島根で、ともに成長できる中小企業に

県内の中小企業の経営者が切磋琢磨する場が、島根県中小企業家同友会だ。各種セミナーや委員会活動で自らを磨きつつ地域に貢献、若い人材を育てるために独特の活動を繰り広げている。

人口減、高齢化、コロナ蔓延など経営環境は厳しくなる一方だが、時代の変化に応じた経営を維持、発展させることが経営者の責任であると、自らの力と地域の絆で島根を支え、環境を変えようとしている。

3人の主要メンバーに、活動とやりがいを語ってもらった。

小田隆弘
（株式会社コダマサイエンス 代表取締役）
島根県中小企業家同友会代表理事

森山昌幸
（株式会社バイタルリード 代表取締役）

野津積
（モルツウェル株式会社 代表取締役社長）

「経営指針成文化セミナー」でお互いに切磋琢磨

――まず、島根県中小企業家同友会とはどういう組織なのか、島根ならではの特徴を教えてください

小田：47都道府県各地に同友会があり、全国で約4万7000社が加入しています。1957年、東京からスタートして大阪、名古屋、京都……と広がっていき、島根は2002年、私と岩橋醤醸（松江）の岩橋紀代美さんの二人で立ち上げました。岩橋さんが広島の同友会に参加してすごく感動して、ぜひ作りたいと。

野津：今では会員は350社を超えました。何千社も加入している巨大な同友会に比べれば小さい組織ですが、だからこそ独自の活動ができます。

――事業計画を作っていく「経営指針成文化セミナー」はよくできたプログラムですね。

野津：中小企業はごく少人数でやっているところが大半で、目の前のことをこなすだけで精一杯です。「経営指針」や「経営理念」などを考える余裕はなく、実は僕もそうでした。しかし同友会で初めて「経営指針」を作ることになり、ちょっと立ち止まって「経営」を考えていくことができるようになりました。経営指針を「成文化」していくことで確かに「軸」ができて、以後、ブレなく前に進むことができるようになったと思います。中小企業だからこそ「経営指針」が非常に重要だと実感しています。

経営指針成文化セミナーの成果発表会では、参加者が約５カ月かけて策定した自社の経営指針をそれぞれ発表していく

――経営者同士で作っていけるところが秀逸ですね。

小田：20年前のスタート時にはコンサルの方を講師として招き、指導していただいたのですが、10年ほど前から〝身内〟でやるようになりました。そのほうが逆にレベルが上がったように思います。また「経営指針」の発表のとき、オブザーバーの方がいろいろと突っ込んでくるところが一番の〝売り〟だと思います（笑）。よく見てるなと思いますね。

――小さな組織だから、身軽になんでもできる？

森山：コンパクトな組織なので、各会員さんの顔がよく見えるところがいい。たとえば、東京ではがんばってもそんなに目立たないと思いますが、ここではがんばっているのがすぐにわかり、「それでは一緒に」と、行政との連携が生まれやすい。各支部の例会運営にしても、そういう関係をうまく使ってやっているところに島根らしさを感じますね。

野津：同友会では起業の支援はしていません。僕も入ってすぐの頃、事務局長に、もっと新しいビジネスを作っていくことが必要なんじゃないかとお話ししたんですが、同友会は勉強するところだとおっしゃって、なるほどと思いました。

しかし、その後、地域を盛り上げていくため文科会を付属させたらどうかという話になり、そこに若い経営者がたくさん集まり、大学生や大学の教授も参加し始めました。看板とか肩書きはとっぱらって、一緒にこの地域をどうやったら盛り上げていけるかという議論が始まりました。そこから新しいビジネスが生まれていることは間違いないですね。

会員も行政も全員で若い人材を育てていく

――島根県中小企業家同友会では、若い経営者への支援体制も厚いですよね。

野津：島根では、若い人たちを地域全体で育てていこうという気風は強いですね。同友会の「共同求人」もその一つの現れだと思います。いくつかの企業が共同で求人する方法です。入社時も「合同入社式」を開いて、その後も共同で研修します。経営者と新入社員が寝泊まりして一緒に食事をするところからスタートできます。

その後も若い人たちで勉強会を継続したり、「同期会」を開いたり、それぞれの企業を訪問しあったり。中小企業では10人も20人も同期がいるわけではないので、他社の同期の人たちとネットワークを作る利点は大きいですね。

小田：女性部会と青年部会があるのも島根の特色です。他府県にもありますが、特に女性と若者の力が強いと感じます。実際、会員増強が順調ですが、女性と若者がかなり貢献していますし、日頃の活動の推進役としても女性と若者が引っ張っています。他団体との連携もよそより進んでいますが、そこでも女性と若者の関わりは多いと感じています。

野津：島根の同友会の会員は毎年増え続け、20年間で一度も減らしたことはありません。現在の組織率は４％ほど、全国では13位で、これ自体かなりすごいことですが、毎年確実に増えているのが若い経営者だというところも素晴らしい。30代後半から40代前半の地域の中心となる若手が集う同友会になってきています。

私たちも若い人たちの声に一所懸命に耳を傾けて、応援しようと常に心がけています。実際、勢いのある人たちが徐々に現れてきています。また、若い人たちがどう育っていくかについては、行政も金融関係者もすごく興味を持っていて、起業して壁にぶち当たっても、そういう人たちが肩書き抜きで一緒に考えてアドバイスしてくれます。「ご縁をつないでいく」ことは非常に重要で、さらに発展させていきたいところです。

「出会い」に大きな意義、行政や大学関係者との連携も

――みなさん、同友会への個人的な思い入れはありますか？　参加のしがいは？

小田：「出会い」ですね。同友会に入ったから野津くんとも森山くんとも知り合うことができました。島根には、ほかにも素晴らしい経営者がたくさんいますが、実際にはなかなか会うことはできない。でも「同友会」では可能になる。会員拡大でそういう人たちにさらに会える機会が増

えていくことが楽しみですね。

森山：同友会には「よい会社をつくろう」「よい経営者になろう」「よい経営環境をつくろう」という三つの理念がありますが、「よい経営環境」というのは、たとえば地域に若者をとどめるようにしたり、一度、都会に出た若者たちを呼び戻したりと、1社だけではなく、みんなで力を合わせて取り組まなければなりません。中小企業はもちろん大学も行政も一緒になって地域全体で市場を作っていきます。

また、人を雇うことは自社の戦力になるだけでなく、ほかの会社にとっては顧客になり、その人たちが結婚して子どもができれば、また別の市場ができていく。大きな目標に向かってみんなで動いていることが、とても面白く、楽しいです。

野津：同友会の政策委員会では、全国の同友会の「中小企業憲章」や「島根県中小企業・小規模企業振興条例」の制定の促進に力を尽くしてきました。私自身、「松江市中小企業・小規模企業振興基本条例制定検討委員会」の委員として、条例の制定に関わってきました。

島根県内のすべての市町村、もちろん県も、中小企業を大切にし、力を発揮して活躍できる地域づくりをしていこう、という宣言をしています。全国でも稀なことだと思います。

ふるさとを守るために行政と中小企業が一致団結している島根を誇りに思いますし、これはとても素敵なことだと思いますね。

新型コロナによる経営環境の悪化に直面しても、常に社員の幸せを考える経営者に

――最近の課題とはなんでしょうか？

野津：やっぱり新型コロナですね。例会一つとってもリアルではやりにくく、オンラインになってしまいます。受け入れなければならない面はあるのでしょうが、今後、コミュニケーションをどう取っていくのかは大きな課題だと思います。

森山：野津さんのおっしゃった通り、気軽に動きがとれないというのはありますね。これまでは知り合いになった経営者の会社にフラッと立ち寄ったりしていたんですが、今は本当にやりづらくなりました。

小田：直近の課題は、西方面へいかに進出していくか。東西に長い島根県ですが、現在の会員はだいたい大田までにとどまっており、江津以西の新規開拓が課題です。そこでオンラインということになるんですが、確かに合理的でも、やはり同友会のよさを伝えるには面談でなければ難しい。新型コロナが収まるまで西部への進出はちょっと停滞するかなと思っています。

――新型コロナの影響はもちろんですが、経営環境はどんどん厳しくなっているのでは？

森山：多分これからますます景気は悪くなっていくでしょう。地域経済の中心はやはり中小企業が担いますし、若者にたくさん島根で働いてもらわないことには未来はありません。

厳しい中でもちゃんと若者を雇用して、その人の人生にきちんと寄り添って成長させていく。責任を持って「人生預かります」と言える会社を増やしていかなければ。そういう話ができるのも同友会です。本音で厳しい話もしますが、厳しく言われることが多いかな(笑)。

野津:この間も東京から帰ってきたというメロンパン屋さんに立ち寄ったところ、松江は人口が少ないから全然売れないと言うんですね。地域が悪いから、景気が悪いからというのではいけないなあと思いながら話を聞いたんですが、でも、僕も多分20年、30年前はそんな感じだったと思います。外部環境がどうであれ、経営者はなんとか踏ん張らないといけませんね。

小田:同友会には基本的な理念として「労使見解」があります。冒頭の「経営者の責任」では、「経営者である以上、いかに環境が厳しくとも、時代の変化に対応して、経営を維持し発展させる責任があります。」とあります。何よりも社員の幸せを考えなさいと。同友会の会員が経営指針を作るときには、必ず「社員の幸せ」に触れることになります。

島根の同友会の会員は350人を超えましたが、この数が3倍の1000人になれば、それだけ社員の幸せを考える会社が増えることになります。会社にとってはもちろん、島根県民にとってもこれほどよいことはないはずです。

また、そんな会社を増やしていくことが同友会の最大の使命であるとも思っています。

——ありがとうございました。

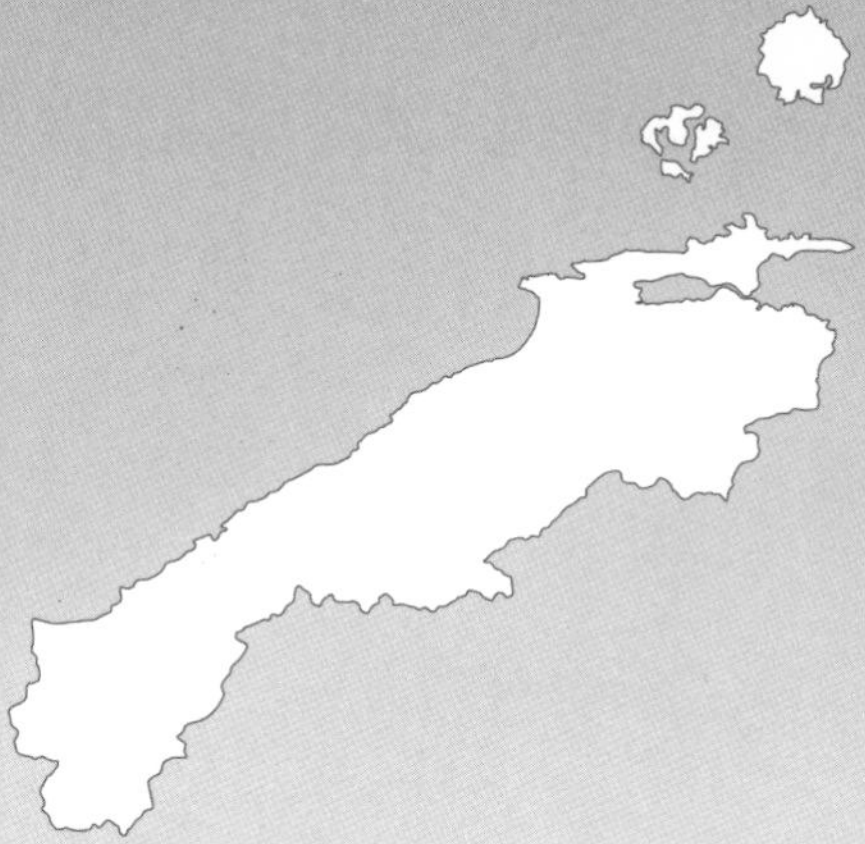

第3章

オンリーワンを突き進む島根の注目企業

（土木・建設・飲食・
自動車・エネルギー）

有限会社吉川工務店

土木事業のみならず、飲食、
自動車、そしてエネルギーも……
柔軟な発想力と豊富な人的ネット
ワークで奥出雲の暮らしを守る

奥出雲町にある有限会社吉川工務店の本社

設立／1953（昭和28）年

事業内容／土木、建設・飲食、自動車、エネルギー

資本金／2000万円

従業員数／23人

所在地／〒699-1822 島根県仁多郡奥出雲町下横田54-21

TEL ／0854-52-9233

※ 本記事は、2022年3月に行われたインタビューをもとにまとめられたもので、
掲載内容は取材当時のものです。

先代の「新しもの好き」を受け継ぎ、工務店の範疇を超えた多くの事業に取り組む

「人の生活に近い仕事がしたいと思っています。飲食もクルマ屋もそのつもりでやってきました。でも一番は、水道、電気のようなインフラです。だからエネルギーの分野にも踏み込みました」

島根県の東南端、中国山地の山間部にある奥出雲町。かつては、たたら製鉄のための砂鉄の採掘場所であり、山を削ってできた傾斜地は現在、棚田として利用され、背景の山々とともに独特の風景を作り出している。ここに1953年に設立したのが、吉川《きっかわ》工務店だ。

「もっぱらこの土地で道路、ダム、橋脚などの公共工事に携わってきました。大規模なものはあ

1 公共工事の中で、現在多く受注しているのが橋の耐震補強工事だ
2 有限会社吉川工務店の代表取締役社長・吉川朋実氏
3 吉川工務店では、将来を見据え、風力発電事業も手がけている

りませんが、なんでもできます。今一番多いのは、橋の耐震補強工事です」

工事の質の高さには定評があり、島根県の工事成績ランキングでは常に上位に入っている。吉川工務店の3代目である吉川朋実社長は、小さな会社（従業員23人）でこれほどの成果を上げられるのは、「従業員が自分で考え、自分で仕事をするから」だと語ってくれた。

先代の社長、吉川光則氏が真っ先に新しいものを採り入れてきた影響も大きいようだ。光則氏が20代の頃、他県を旅行した際、当時の島根県ではほとんどなかったというバックホー（ユンボ）を目にしたところ、旅行から帰った途端にすぐ導入したという。

測量の自動化も早くから採り入れた。当時、大学生だった吉川朋実社長は「大学よりウチの会社のほうが進んでいる」と思ったそうだ。

奥出雲町では、会社に勤めながら農業にも取り組む家庭は珍しくないが、光則氏は自分の土地だけでなく耕作放棄地を借り入れ、小麦とそばの二毛作栽培を行ったこともある。小麦は、地元の酒造会社と提携して麦焼酎にして、そばは地元の在来種で香りのよい「横田小そば」を栽培し加工して、販売した。

そのような先代の「新しもの好き」の性格を引き継いでいるのか、現在の吉川朋実社長も、会社でじっとしていることはない。絶えず外へ出ては何がしかの情報を得て、それをもとに多彩な事業に取り組んできた。

２０１０年に始めたラーメン店もその一つである。

本業の売り上げが落ち込む中、飲食店に乗り出し、島根に「つけ麺」文化が浸透

「民主党政権に代わったばかりの頃、『コンクリートから人へ』のスローガンのもとで、ダムを造るな、高速道路も必要ないと、公共事業が〝悪〟みたいにいわれた時代は、ウチの会社でも売り上げが半分にまで落ち込みました。このままでは食っていけない――、何かやらなくては――そんなことを考えていたとき、ラーメンが個人的にすごく好きだったこともあって、吉川工務店の事業として始めました」（吉川社長）

奥出雲を飛び出し、松江市内に「中華蕎麦奨《しょう》」を出店した。東京の知人の店で店長を修業させ、島根県ではなじみのなかった「つけ麺」をメニューにのせたところ、またたく間に評判になったという。

「ラーメン店の競争はめちゃめちゃ激しいです。レッドオーシャンですが、『つけ麺』にすればブルーオーシャンになります。初めは苦労しましたが、すぐに『つけ麺』の店として認知されていきました」（吉川社長）

ラーメン店は、2年後に立ち上げた株式会社奥出雲社中の事業として展開し、吉川氏はその社長に就任した。現在、松江市内に2店舗目も出し、さらに東京へも進出した。

東京進出のきっかけは、台湾への視察旅行で知り合った人が、たまたま東京でマンションを1

棟持っており、その1階で始めるようにすすめられたことだという。幸いなことに、そのマンションは住宅地にあり、最寄り駅から徒歩5分の好立地。家賃も安めで、オープン当初は売り上げが上がり、経営は順調にいくかと思われた。

ところが、周囲に飲食店が次々とオープンし始めた。ちょうど東京オリンピックの開催が決まった頃で、その影響が大きかったようだ。売り上げが上がったかと思ったら、近くに店ができて下がる。がんばって上がってもまた出店で下がる。その繰り返しだった。競争が厳しいにもかかわらず、店長から毎月のように給料を上げるよう要求されることにも疲れた。

島根と東京との間のコミュニケーションの難しさを実感しつつ、4年後に撤退した。

松江市に出店した「中華蕎麦奨」は、島根ではほとんどなかった「つけ麺」で評判を呼んだ

「でも、東京に出店してよかったと思っています。新しいエリア、新しい友だち、新しいつながり、自分の仕事の幅を広げることができたことが一番の財産です。もう一つ、島根の人のよさもよくわかりました」（吉川社長）
現在は、松江市内の「中華蕎麦奨」津田本店の経営に集中している。社員には相変わらず好きなようにやってもらい、店長がオリジナルのメニューを考えている。２０２１年は、雲南市で有

名な中国四川料理店「ドンシュー」とのコラボで、酸辣湯麺《サンラータンメン》などの新しいメニューを開発した。持ち前の「新しもの好き」により、ロボット配膳を導入して話題を呼んだ。新型コロナの影響もあり、経営は決して楽ではない。試行錯誤は続いている。

自動車分野へも進出、「働くクルマ」に狙いを定めて

2020年には、もう一つ別の分野、自動車販売・整備業にも乗り出した。出雲市内の出雲モーター商会は、オーナーが80代で後継者はいなかったが、会社を存続させたいと願っていた。そこで吉川社長が会社を買い取り、事業を継続させることにしたのだ。

「働くクルマ」をターゲットにした専門店を目指す出雲モーター商会

中古車販売、自動車整備、車検など、ひと通りのことを8人の従業員で行っている。コロナ禍で新車販売が苦しい分、中古車販売は好調で、現在、売り上げは1億2000万円でなお伸び続けているが、それに満足することなく、さらに二つのアイディアを考えているという。

「一つが『働くクルマ』専門店にしようということです。このあたりの乗用車は、朝、通勤に使い、そのまま職場で駐車

して、夕方にまた使う程度です。つまり、1日に1時間も動かしていないと思います。一方、トラックやダンプ、営業車などは、朝9時から夕方5時までずっと動かしているはず。8時間働いているとすると、乗用車に比べて8倍壊れやすい、つまり8倍メンテナンスが必要だということ。そこに一番伸び代があると考えました」（吉川社長）

経営者仲間のつてを最大限に使って、出雲モーター商会のある出雲市を中心に、隣接する松江市、奥出雲町など周辺の町村で、「働くクルマ」を使う会社に営業をかけている。

もう一つのアイディアは、車を「電化」するため、改造の仕事に関わっていくことだが、それにはさらにもう一つの分野、「エネルギー事業」への参入に触れる必要がある。

エネルギー事業の第一歩は、北海道の襟裳岬での風力発電

北海道の中心からまっすぐ南、太平洋に鋭く突き出た襟裳岬は、風速毎秒10メートルの風の吹く日が年間260日を超える、日本でも有数の強風地帯。襟裳岬では、その強風を利用した風力発電の開発が進んでいる。

「風力発電機設置の権利を20本分持っている、エネルギー事業に取り組むIT関連の社長さんから、風力発電についていろいろ教わり、それじゃあ僕にも1本分けて（笑）、そんなノリで始めました」（吉川社長）

最初は軽いノリだったが、背景には重い現実があった。地域の高齢化で、吉川工務店でも若手の人材はなかなかつかまらず、途中入社する人はたいていが、ほかの会社で定年退職を迎えた人だった。平均年齢は上がることはあっても、下がることはなかったわけだ。

「定年後も働ける会社、年金のいらない会社。それはそれでやりたかったことでしたが、さすがにこのままでは10年先は働ける人がすっかり減ってしまう。飲食や自動車に乗り出したのもこの対策のためですが、もう一つ将来性のある分野に参入したいと考えていました」（吉川社長）

それがエネルギー事業だった。どこから手をつけていいのか、目を凝らしてチャンスを窺っていたところ耳にしたのが、前述した襟裳岬の「風力発電」だったわけである。

風力発電1基を設置するための投資は、少なくとも3億円前後、規模が大きければ十億を超えるといわれている。だが、すすめられたのは1基5000万円の小型のもので、これならやれそうだとすぐに決断した。

発電した電力は、国の制度を利用して、北海道電力に買い取ってもらう。年間、約500万円の売り上げになる見込みだ。10年で元が取れ、それ以降は利益を出せる。社員数が激減する10年後に備えての切実な思いから始めた事業だった。

もう一つのエネルギー事業、充電インフラ整備にも乗り出す

だが、エネルギー事業はこれだけではない。もう一つ「充電スポット」の設置サービスにも乗り出している。

吉川社長は、山陰地方の若手経営者の勉強会「雲州志士会《うんしゅうししかい》」に参加している。定期的に集まり、情報交換をしながらディスカッションをし、実際に事業を作り出していこうという集まりだが、そこで知り合ったのが、島根大学で学び東京でベンチャー企業を起こした若手経営者だった。

その会社では、電動バイクを扱おうとしているが、そのためにはまずインフラとして「充電スポット」を各地に設置しなければならない。

「ウチらのエリア（奥出雲）こそ、インフラに電気が必要だと思いました。今、ガソリンスタンドがどんどん減っていいます。ウチからもガソリンを入れるために15キロも車を走らせなければなりません。それだけで往復30キロ分を消費してしまうんです」（吉川社長）

小型の「充電スポット」は、簡単な土木工事と電気工事で設置することができる。島根での設置を任せてもらえることになり、現在はそのための営業活動に入っている。

まず、狙いを定めているのが観光地。

「島根は田舎なのに車を停められるところが意外と少なく、〝ちょっとした観光〟がしにくいんです。そこで観光地のホテルや駅周辺に『充電スポット』を設置してもらい、合わせて電動アシ

ストのレンタサイクル事業にも取り組んでもらえば、お客さんにもホテルにもいいことづくめです」（吉川社長）

観光客にとっては、車では停める場所探しに苦労し、かといって歩くには広すぎる市内を電動アシスト自転車で気軽に行き来できる。ホテルにとっては、レンタサイクル事業で収入が入り、宿泊客が集めやすくなる。

コンビニエンスストアも「充電スポット」の設置場所としては有力な候補。電気自動車、電動バイク、電動アシスト自転車、すべてが充電できるなら、人が立ち寄る大きな動機になる。

さらに一戸建ての個人宅にも注目している。

「どこまで自由化が進むかにもよりますが、たとえば家の屋根にソーラーパネルを設置して、玄関前には『充電スポット』を置く。そうすればソーラーで発電した電気を、一般の顧客に〝直売〟できるようになります」（吉川社長）

地域で作った電気を、地域で消費するエネルギーの「地産地消」、あるいは、生産から商品化まで一貫して行う「電気の6次化」というべきだろうか。夢のような話だが、地域の切実な問題の答えでもある。吉川社長の念頭には、孤立化せざるをえない地域の人たちの現状がある。

人口減でガソリン消費が減れば、スタンドの撤退はさらに加速する。公共交通の便も減らされてしまう。

電気自動車、電動バイク、電動アシスト自転車、さらに今では電動キックボードなど小型の電動モビリティが登場している。これらこそ、深刻な人口減、過疎化が進むこの地域で不可欠な交通手段になるだろう。

そのためにはまずインフラである「充電スポット」を地域にくまなく設置する必要がある。日本ではなかなか実感は湧かないが、世界を見れば、電気自動車はじめ電動モビリティが交通の主流になる日は目の前まで来ている。

そうなれば出雲モーター商会の将来構想、ガソリン車を電気自動車に「改造」するサービスも現実的になる。

使える人脈はすべて使い、地域を住みやすくしていく

「私は〝人脈が命〟みたいな男です。ラーメン店だって、自動車だって、風力発電だって、充電スポットだって、すべて知り合いから得た情報をもとに取り組んできました」(吉川社長)

吉川社長がまだ20代の頃、最初に働き始めたのが広島の建設会社だった。修業を積むつもりで現場を経験し、26歳のときに帰郷して吉川工務店に入った。そこでも率先して現場に入り、毎日泥まみれならぬ「コンクリートまみれ」で仕事に取り組んだという。

だが、将来、会社を背負う立場になることを考えたとき、このままでいいのかと疑問とも不安ともつかない気持ちが膨らんでいった。32歳のとき、地元の中小企業家同友会に顔を出すように

なったところ、思いもよらぬ衝撃を受けた。
「自分は世の中のことを知らなさ過ぎる、そう思いました。同時に、島根にはめちゃくちゃ面白い人がいっぱいいる、とも知りました。そんな経営者の人たちともっと知り合い、仲間を増やしていくことが、自分の仕事だと思いました」（吉川社長）
中でも数歳年上の経営者には影響を受けた。今も〝師匠〟と呼んでいる。ほかのいろいろな経営者にも紹介してもらい、話を聞くことができた。人脈を作る大切さを実感し、自分からもどんどん出かけていくようになった。
挑戦する意欲と姿勢はこんな経験から得たものだ。吉川工務店と紹介してきた関連会社は、「地域で一番攻めてる会社」「挑戦している会社」といわれるほどになった。
「どの会社も小さな会社ですが、僕にはそれに見合わないほどの人脈があります。島根の田舎の会社にしては桁違いな情報量があります。僕自身が何も知らなくとも、各専門に精通した仲間がいっぱいいる。だから、新しい取り組みができるんです」（吉川社長）
2020年からは、奥出雲町で不燃物処理場「仁多クリーンセンター」の運営を始めた。地元で楽しめる施設ができないかと、カラオケなどの開設も検討している。やりたいことは山ほどある。
心から好きな奥出雲を守っていきたい、住みやすくしていきたい。いつも地域のために何ができるのかを考えながら、吉川社長は次の一手に知恵を絞っている。

オンリーワンを突き進む島根の注目企業

建設コンサルタント

協和地建コンサルタント株式会社

地熱・地中熱活用、温泉・水源開発、斜面災害対策……
地質と地下水の技術で、大地を守り、島根に恵みを

協和地建コンサルタントの未来を担う20代社員。全社員の3割以上が20代。高齢化が進む地元業界でも若い社員の入社が多い会社として注目される

設立／1960（昭和35）年
事業内容／温泉・水源開発、地熱・地中熱活用、地質調査・土質試験、測量・設計、地すべり調査・対策工事
資本金／2000万円
従業員数／35人（2022年時点）
所在地／〒690-0011 島根県松江市東津田町1326-1
URL ／ http://kyouwacc.com/

地下100メートルの〝熱〟が雪を溶かす――10年の歳月をかけて実現した〝地中熱〟活用

島根県東部。中国山地にある奥出雲町は、冬ともなれば豪雪地帯となる。

ここを走る県道の一部、約400メートルの区間に施されているのが〝地中熱〟を利用した融雪施設だ。調査、設計、施工を行ったのは、松江市に本社を置く協和地建コンサルタント。地質と地下水に関して先進的な技術と実績を誇る頭脳集団である。

「取り組み始めたのが2011年。当初はなかなか理解されず、『〝地中熱〟って何?』というところから説明して歩かなければなりませんでした。10年でやっとここまで来ました」

1 石倉昭和社長。毎年3月に開催する経営指針発表会では、前年度の振り返りと新年度の方針を直接社員に語る

2 毎年恒例、業界団体のソフトボール大会での一コマ。スポーツイベントはチーム力を高めるための絶好の機会。全員参加で勝利を目指す

3 令和4年にリニューアルした明るく機能的な社内執務室。1フロアに全社員が席を持ち、お互いの顔が見える環境とすることでチーム力の最大化を図る

地中熱交換井掘削現場。Uチューブ（L=100m）挿入の様子。若手社員に積極的に新たな現場を任せ、独自のノウハウを身につけさせている

こう振り返るのは、協和地建コンサルタントの石倉昭和社長だ。

〃地中熱〃とは文字通り、地中にある〃熱〃のこと、といっても温泉のような高温ではない。

外気温は季節で大きく変わるが、地中深くの温度は一定（15℃前後）に保たれている。その熱を利用して雪を溶かす。

奥出雲町の融雪施設は、約100メートルの深さまでボーリングしてパイプを通し、地表との間で水を循環させて地中の温度を取り出す仕組み。

地上は雪が降り積もるほど冷え込んでも、地下深くまで送られた水は5℃前後にまで温められる。それを、道路下に張り巡らせたパイプに戻して流し、床暖房の原理で道路の積もった雪や氷を溶かしていく。

「着雪と凍結を防ぐことが目的ですから、最高5℃もあれば十分です。融雪剤や水をまく必要がなくなり、環境に負担なく、雪を溶かすことができます」（石倉社長）

調査に3カ月ほど要した。まず1本をボーリングして、地質や地下水などを調べ、そこから「取れる熱量」を計測した。道路400メートル分に必要なトータルの「熱量」を計算し、約70本のボーリングが必要であることがわかった。

それに基づき施設の設計及び施工も行った。協和地建コンサルタントは、島根県で唯一、〝地中熱〟の施工ができる設備を自社で保有している。

効果は一目瞭然だった。真っ白な雪に覆われた道路の中で、工事をした400メートルの区間だけは路面が現れている。ロードヒーティングのように大量の電気を食うことはない。誰よりも評価してくれたのは地元の人たちだったという。

また、地中熱活用のもととなる地中熱交換井の工事は、2019年と2021年の2回に分けて行われ、前期工事の200メートルは下請けとしての参加だったが、残り200メートルの後期工事は、元請けとして施工に携わり、同社にとって大きな節目となった。この工事では、島根県優良工事等所長表彰を受賞した。

〝地中熱〟は、オフィスの空調やビニールハウスでの温度管理など、ほかにも多くの活用が考えられる。

融雪施設は、同社にとって大きな可能性を切り開く実績となった。

東日本大震災後のエネルギー政策の転換により、〝地中熱〟〝地熱〟の事業展開を決意

1960年、現在の石倉社長の祖父とその弟、彼らの学友が中心となって設立したのが協和地

若手社員を対象とした社内研修。社内ノウハウの共有と次世代育成には特に注力している。ケーススタディやワークショップも取り入れた研修を実施

下工業(株)、現在の協和地建コンサルタントの前身である。ボーリングの技術をもとにした、さく井——井戸掘りや地質調査などが主な仕事だったが、中でも当時から重要だったのが地すべり対策だった。

「島根県は全国で二番目に『地すべり指定地区』が多いところです。対策の一つとして、水抜きボーリングといって横向きのボーリングで地下水の抜け道を作ります。そのためには地質を調査し、地すべりの機構を解析する必要があります。こうしてコンサルタント業へと事業は拡大し、土木設計も手がけるようになりました」（石倉社長）

雨や雪融けで大量の水が地面へしみ込むと、粘土などのすべりやすい層とその下の岩盤等との間に地下水が入り込む。その水圧によって上部の地層が動き出すのが地すべりだ。

地すべり対策に欠かせないのがボーリングの技術で、同社では地質調査、解析に始まり、対策工事としての水抜きボーリングや集水井《しゅうすいせい》工事まで、ボーリングの技術を活かして手がける会社となった。

地質調査の技術とノウハウは、1970年代、全国的なブームになった温泉開発でも活かされることになった。地表表面の調査に始まり、電気や電磁力を駆使して温泉が湧く場所を探り、実

際にボーリングして熱いお湯を取り出す。温泉開発は後の竹下昇首相による「ふるさと創生事業」で再び盛んになり、同社にとって追い風となった。

２００９年、現在の石倉社長が松江に戻り会社を引き継いだときも、温泉開発は事業の柱の一つだった。２０１０年には、奥出雲町の佐白《さじろ》温泉で独自調査により温泉を探り当て、２０１１年には、浜田市の旭温泉の開発にも携わっている。

しかし、同社の中核であった公共事業の市場環境は厳しく、石倉社長はもう一つ、会社の柱となる事業を探っていた。

契機になったのが、２０１１年3月11日に起きた東日本大震災だった。

「震災以降、エネルギーへの考え方は大きく変わりました。我々が培ってきた技術の延長で何かできるはず。〝地中熱〟と温泉熱を使った〝地熱〟の分野で力を発揮できると考えました」（石倉社長）

福島第一原発事故により再生エネルギーが注目され、その一つとして地熱・地中熱が見直されつつあった。全国的に活用の機運が高まっていたが、島根県内では認知度は低く、誰も手をつけていない分野だった。

ならば自分たちでやろう。これまでに培ったノウハウを活かすことができる。

こうして県内では初めての〝地中熱〟と〝地熱〟の事業展開を決心した。

それから10年、〝地中熱〟で奥出雲町の融雪施設を実現させたことは、冒頭で触れた通りである。

中国・四国エリア初の〝地熱〟発電所を開設。SDGsの追い風を受け、さらなる発展を目指す

もう一つ、同社の〝地熱〟開発についても触れる必要があるだろう。

〝地熱〟とは、火山周辺から湧き出る高温の熱のこと。

〝地中熱〟と字は似ているが、こちらが地底の15℃前後の熱を利用するのに対し、〝地熱〟は、通常、地下1000〜2000メートルから、200℃以上の蒸気や熱水を取り出し、発電などに利用する。

ただ、〝地熱〟も〝地中熱〟と同様、島根県で取り組む企業はなかった。山陰ではそもそも高い熱源は存在していなかったからだ。

そこで石倉社長が着目したのが、県内に多く存在する温泉だった。70℃以上あれば「バイナリー発電」と呼ばれる小規模地熱発電ができる。低沸点の媒体を蒸気にしてタービンを回す技術だ。

これまで多くの温泉開発に関わってきた経験を活かして各地の条件を調べ、実現させたのが「協和地建コンサルタント湯梨浜地熱発電所」だった。2015年10月、稼働を開始した。

鳥取県の東郷温泉で湧き出す約85℃の温泉水の熱エネルギーで発電し、電気は電力会社へ全量売電する。また、利用したお湯は地元の温泉施設のシャワーの熱源等として二次利用する。発電

と温泉熱利用が同時に可能になる画期的な方法だった。

「湯梨浜地熱発電所」は中国・四国エリアで初めての地熱発電所（温泉熱バイナリー発電所）であり、大きな話題を呼んだ。

現在、島根県松江市の玉造温泉でも同様の計画が進行中だ。2022年度中に設備の設計を進め、2023年度には施設を設置、稼働を予定している。島根県内で初めての地熱発電所となる。

〝地中熱〟〝地熱〟ともに、今はSDGsを後押しする再生可能エネルギーとして注目度は高い。

「若い人たちの関心は強いですね。私にとってのきっかけは東日本大震災でしたが、それから10年以上、今（SDGsとして）時代の流れに合致するものになっていることに巡り合わせのようなものを感じます。若い人たちと力を合わせて、これからもこの分野を発展させていきたい」と石倉社長は語っている。

協和地建コンサルタント湯梨浜地熱発電所。温泉熱を利用した地熱発電所の中でも随一の安定稼働を誇る。視察の受け入れ実績も多数

建設コンサルタントとして斜面災害対策を「ワンストップ」で可能にする専門家集団

同社が早くから取り組んできた地すべり対策も今日まで引き継がれ、大きく進化を遂げている。協和地建コンサルタントでは、地すべり解析技術者や地質技術者、ボーリングオペレーター、現場施工技術者などの専門家を社内に擁し、事前調査、解析、工事のための設計、そして実際の施工まで「ワンストップの地すべり対策」を可能にする体制を整えている。県内で「斜面災害対策のエキスパート企業」として知られる存在だ。

2021年豪雨による災害現場。インターンシップでの見学の様子。生の現場を見ることで建設コンサルタントの仕事の重要性を実感してもらう

特に、2021年度はかつてないほどの仕事をこなした。同年、島根県では豪雨が続き、中でも7月上旬に起きた豪雨の被害は深刻だった。県内のあちこちで川の決壊や浸水、地すべりなどの災害が起こり、協和地建コンサルタントも災害復旧に向けた仕事に全社体制で取り組んだ。

現場に出向いて崩れた箇所を特定し、被害状況を写真や図面などで確定する。それに基づき復旧のための図面を描き、復旧工事費用の算定も行った。まとめられた「災害査定用の資料」を自治体が活用して国の査定を受け、査定結

果に基づき復旧が進められる。

石倉英和専務の陣頭指揮のもと、専門家はじめ社内の全員で仕事にあたった。数人のチームに分かれて一斉に各被災地に出向いて調査、すべての被害状況をまとめるのに3カ月がかりの仕事となった。

「災害対策は、建設コンサルタントが果たす責任の一つです。しっかりした体制を維持して、いつでも対応・実施できなければなりません。また、そのためには日頃から斜面災害の仕事に従事して対応できる社員を増やし、備えておく必要があります」（石倉社長）

現在、豪雨やそれにともなう地すべりなどの災害は全国的に頻発している。建設コンサルタントとしての役割は大きくなっていくだろう。協和地建コンサルタントでは、今後も斜面災害のための「調査・設計部隊」の強化を進めていくという。

「心理的に安全安心な職場作り」に注力。少数精鋭&チーム力で地元に信頼され、貢献できる組織に

地熱・地中熱活用、温泉・水源開発、そして斜面災害対策、いずれの分野でも、調査、設計、施工まで一貫した体制を持つ島根県内で唯一の企業が、協和地建コンサルタントだ。

現在、石倉社長は、社員のあるべき姿として「顔の見える技術者」を打ち出し、同社の強みに

1on1ミーティング。月に１回以上、上司が部下と30分程度の対話を実施。なんでも話せる、否定されない対話の場として設定

加えようとしている。

「たとえば、地すべりは、１カ所を直してそれで終わりではありません。広い範囲が動く可能性があり、長期にわたって観測を続ける必要があります。地元の方に、今まで水が出なかったところから水は出ていないかなど、調査して回ることが非常に大切。地元の方と信頼関係を築きながら、仕事をしていく必要があります」（石倉社長）

地域の人たちといつでもどこでも情報のやりとりができ、信頼され、それに応えられるのが「顔の見える技術者」だ。島根県に立脚する企業だからこそ、打ち出せる方針だろう。

現在、協和地建コンサルタントの社員は35人、うち24人が技術職。少数精鋭でいかにチーム力を発揮していくかも課題だという。

そのため社内では、若い社員から経験豊富なベテランまでの「ベストミックス」を人財活用の方針として掲げている。また、部門横断的な「チーム活動」で社員同士の理解を深めたり、部署単位での３Ｓ（整理・整頓・清掃）活動など、多様な実践をしている。中でも現在、力を入れているのが「心理的に安全安心な職場作り」だ。

人は心理的に安全、安心な環境でこそ最高のパフォーマンスを発揮できる、という考え方のも

と、上司と部下の「1on1ミーティング」で部下の話に耳を傾けたり、それをもとに「集合研修」で、社員同士、あるいは会社と社員とは考え方や意見が異なることを理解しつつ、整合方法を模索したり、また「マネージャーコーチング」で管理職の考えや課題を整理している。

社内の対話を活性化させ、〝チーム力の最大化〟を目指している。

「私は毎年年2回、全社員と面談していますが、2021年度は以前に比べ、特に協力体制が進んだと言う社員が多くなりました。災害対応では、以前は思い通りにいかなかったり、不満が出てきたり、いろいろあったのですが、2021年度はあれほど大変な仕事だったのに、うまく協力できたというのです。もちろん完璧とはいきませんが、これまでの取り組みの成果は確実に出ていると思います」（石倉社長）

今後も地域の要望に応え、地域の課題を見つけ、解決していく。新しい分野の仕事も開拓して、市場を作っていく。

島根が好きで、島根でずっと暮らしたいと望んでいる人とともに、地元に貢献していきたいという。

総合建設業

高橋建設株式会社

美しい自然と都市機能を調和させて、
地域の人々の幸せを徹底的に追求し続ける

益田市にある高橋建設の本社

設立／1975（昭和50）年5月

事業内容／土木工事（土木一式・とび・土工・舗装・造園・上下水道施設・電気通信・管工事）、建築工事 ほか

資本金／5000万円

従業員数／108人（2021年春現在）

所在地／〒699-3676 島根県益田市遠田町3815番地1

URL ／ https://takahashi-kensetu.com/

ドローン、3Dプリンターで大きく変わる土木の現場

島根県の西、益田市に本社を置く高橋建設は、1975年の設立以来、土木建設業で多くの実績をあげてきた。その中でも最近の代表的な仕事といえるのが、島根県の日本海沿岸を走る山陰道の工事だろう。

山陰道の西部、三隅・益田道路の木部地区では、2017年8月から約1年4カ月をかけて地盤整備をした。約15キロにわたって山を切り開き、そこで出た土砂で谷間を埋め、柔らかい地盤を堅固なものに改良した。

2019年7月から約1年をかけて取り組んだのが、益田市の東、浜田市を流れる三隅川にか

1 優良工事として島根県知事表彰を受けた益田阿武線の工事
2 土木建設だけでなく、果物狩りが楽しめる観光農園事業も行っている
3 高橋建設は30年前から女性の登用を積極的に行っている

3Dプリンタで作られた模型

「i-Construction大賞」の表彰状

かる橋台の建設だ。見上げるばかりの鉄筋コンクリート製の橋桁3基を完成させた。

２０２０年には、三隅・益田道路の土田地区の改良第２工事で、国土交通省の「i-Construction大賞」の優秀賞を受賞した（受賞年度は２０１９年）。この賞は、ＩＣＴ（情報通信技術）を用いて建設現場の生産性を向上させる優れた取り組みを表彰する国土交通省の制度だ。

高橋建設では、道路を作るために山林を切り開く際、その測定にドローンを用いて傾斜地の地形を正確に把握、詳細な工事計画を立案し、また、実際の工事でも、掘削する場所をＧＰＳで特定しながら建機をコントロールして、大幅な自動化と効率化を果たした。

だが、受賞の理由はこれら先端技術を用いたからというだけではなかった。ドローンによるデータから山林の模型を３Ｄプリンタで作り、その模型を囲みながら、実際に工事に携わる作業者と綿密に打ち合せたのだ。掘削のイメージを鮮明にし、関係者全員が自分の役割をはっきりと理解するのに役立てた。経験や技能の違いによらず、工事に携わる一人ひとりが責任を持って取り組む「理想的な現場を創出」したことが高く評価されたのだ。

「確かに現場では、『そんな難しいこと』と嫌がる人は少なくありません」

こう苦笑いしながら説明するのが、高橋建設の高橋宏聡《ひろあき》社長だ。

ＩＣＴと聞くだけで、自分とは無関係、できれば関わりたくないと思う人は、業界によらずどこにでもいるだろう。

「でも、模型を見ながら打ち合わせれば、工事の全貌がよくわかりますし、実際に工事が始まれば、仕事は圧倒的に楽になります。（先端技術を）知れば知るほど、使えば使うほどもっと取り組みたくなる。楽しくなっていくんです」（高橋社長）

高橋建設の代表取締役社長・高橋宏聡氏

掘削に用いるショベルカーやブルドーザーなどの重機は、実際の地形と設計情報を照らし合わせ、半ば自動で山を削っていく。人間は見守るだけだ。自ら重機を操縦するのに比べ労力は激減する。

業界は慢性的な人手不足だ。特に熟練したオペレーターを確保することは、どの企業にとっても悩みの種になっている。だが、先端技術を使いこなすことができれば、個人の力量によら

益田地区広域クリーンセンターは、高橋建設が建設に関わり（三菱重工とのJV）、2007年からは運営事業も担っている（PFI事業）

ず常に高い質の仕事が可能になるだろう。仕事を始めたばかりの若い人たちも、即戦力にすることができる。

会社にとってはもちろん、業界全体にとっても、将来性を期待できる大きな取り組みだった。

採石、農園、輸入雑貨店、ゴミ焼却まで事業化

高橋建設は、現在の高橋宏聡社長の父親、高橋完太氏が１９７５年に創業した会社だ。

島根県益田市で生まれた完太氏は、映画で『黒部の太陽』を観て、土木の世界で働こうと決めたという。これは１９６３年に完成した黒部ダムの難工事を描いた映画で、主演は当時の大スター、石原裕次郎だった。

東京に出て、希望通り黒部ダムに生コンクリー

トを運搬するためのトンネル建設を担った熊谷組で働き始めた完太氏は、工事の現場で腕を磨いた。だが、数年が経った頃、兄が故郷の益田市で土木会社を始めることになり、呼び戻される形で帰郷した。二人で準備を始めたものの、兄が急逝してしまい、完太氏一人で会社を立ち上げることになった。それが高橋建設だ。

初めは、下請けとして仕事を始めた。得意先だったのが、電信電話公社（現・NTT）の仕事を請け負っていた専門の工事会社だった。当時は一家に1台、電話を据え付けることが推し進められていた時代で、高橋建設では電柱を地中深くまで埋め込んだり、地下にケーブルを埋設する工事に携わった。今でいう電線の地中化だ。時代の波に乗る形で事業が軌道に乗ると、完太氏は事業の多角化にも乗り出した。

1984年には採石事務所を開設。原石を採取して砕き、それを生コンの骨材や道路の路盤材として用いる施設だ。また、1990年には、採石場を行き来するダンプカーのため、近くのガソリンスタンドを買い取り、運営も始めた。

1993年には、産業廃棄物処分・収集運搬業も開始。土木工事や建設工事で生じるコンクリートやアスファルト片を集めて回収し、砕いて再利用する施設だった。

これらは本業である土木関連の分野の強化といえそうだが、一方では、土木とはまったく関係ないと思われる分野の事業の立ち上げも積極的に行っている。

1987年に開設したのが農園部だった。山を切り開いて約6ヘクタールの農園を作り、そこ

高橋建設が運営している、島根県立石見美術館内にあるミュージアムショップ「コン・アモール」

観光農園スカイファーム内にある果樹直売所

で梨やぶどう、りんごなどを植えて育て始めた。後に樹々が実をつけると、果物狩りが楽しめる「観光農園スカイファーム」として一つの事業に位置づけた。

益田地区広域クリーンセンターは、益田市と近隣の津和野町、吉賀町の一般家庭のゴミを処理する施設で、ゴミの焼却はもちろん、出てくる灰から鉄やアルミなどの金属を取り出し、再資源化もする施設だ。

本来は自治体の事業だったが、効率を求めてＰＦＩ（Private Finance Initiative――公共サービスの提供のために民間の資金や技術、施設などを活用する方法）として公募があり、そこに応募して勝ち取った仕事だった。数グループが名乗りをあげる中、高橋建設と三菱重工のグループが選ばれ、焼却炉と灰の溶融設備は三菱重工業が設計・製造し、施設の建設は高橋建設が担い、完成した２００７年以降、センターの運営も高橋建設が行っている。

ほかにも珍しいところでは、２００１年、輸入雑貨の店「コン・アモール」を益田市内に出店している。これは2005年、県の依頼により、島根県立石見美術館（グラントワ）の中に移設し、現在・ミュージアムショップ「コン・アモール」として運営している。

デベロッパーを合併し、不動産業への新たなる挑戦

土木に密接に関連する分野からまったく関係のない分野まで、幅広く事業を起こし取り組んできたことが高橋建設の大きな特徴といえる。なぜ、ここまで手を広げたのか。

「父は3年前に亡くなりましたが、ずっと人から感謝される仕事をしろと言い続けていました。人のために仕事をして、感謝されれば自分もきっと幸せになれる。父の思いは、今でも会社の運営に反映されていると思います」（高橋社長）

「自分を大切にできる人間は、周りの人間も大切にできる。周りの人たちの幸せが、自分の幸せになる」。創業者の高橋完太氏が生前によく語っていた言葉だ。

農園の運営がわかりやすい例だろう。もともとは、高橋建設を定年退職した社員が、第二の職場として働けるようにと作ったものだったが、期待以上に果樹が育ち、事業化した。

高橋建設は、会社のスローガンとして「豊かな自然を未来に」を掲げ、「ふるさとの美しい自然と都市機能を調和させて、地域の人々が快適で豊かな生活を築くこと」と進む道を謳っている

が、ここにも創業者の考えが反映されている。

そして現在、高橋宏聡社長のもとで、この考えを引き継ぎ、これまで手を広げた事業の集大成ともいえる、もう一つの事業が進んでいる。住宅地や高齢者施設の開発だ。

「2015年、先代からバトンタッチされて社長に就いたとき、本業の土木建設を大きく伸ばすことはもちろんですが、不動産業にも力を入れることにしました。住宅地はもちろん、先端技術を採り入れた高齢者施設を計画しています」

高橋宏聡社長が会社を引き継いだ2015年、さっそく行ったのが子会社の石見開発商事との合併だった。石見開発商事は不動産を扱う会社で、住宅地の開発やマンションのデベロッパーとして実績を持つ。益田市内の10階建て以上のマンションのほとんどを手がけ、益田駅前開発では商業棟と住居棟のマンション部分を担当した。

石見開発商事との合併により、マンション開発なども手がける

石見開発商事を一体化することで、高橋建設では土地の買収から地盤整備、建物の建設、その販売まで一気に行える体制を作ったわけだ。
現在、益田市内の宅地開発がプロジェクトの一つとして進行している。高橋建設が益田市内に保有する約1万坪の土地のうち、5000坪を用いて約80棟の住宅を建てて販売する。電線や電話線を地中化するなど、景観や環境に配慮した街づくりを計画している。

自分が入りたくなるような高齢者施設を

そしてもう一つ、高橋社長が計画しているのが高齢者施設の建設だ。

「自分の家族はもちろん、自分も入りたくなるような施設です」（高橋社長）

サービス付き高齢者向け住宅――戸別の住宅で自立した生活を送りつつ、食事を提供する仕組みがあったり、診療所を備えていたり、高齢になって身体を動かすことが難しくなっても、健康で快適な生活を送れるサービスのある住宅を、石見開発商事のマンション建設の経験と、高橋建設の土木建設業の蓄積により形にする。

さらにＩｏＴも導入して健康管理の仕組みが整う住宅にする。たとえば、住宅内にセンサーを配置して、住んでいる人の体調を見守る。センサーが異変を感じれば、すぐに医師や看護師が駆けつける。また普段も得られるデータにより日常的な健康管理を行っていく。照明を自動調節したり、エアコンで快適な温度や湿度を保ったり、住宅の通常のＩｏＴ活用も合わせ、最新のスマート住宅を実現したいという。

「医療関連・健康関係の企業、大学、商工会議所などと連携しながら、どこにもない先端の施設、誰もが入りたくなる施設を実現していきたい」と高橋社長。

そしてそれは、益田だから可能になるという。

「都心では医師や病院、病床数が不足がち、いざというときに心配でしょう。でも、益田ならば心配はいりません。ここには自然がいっぱいあり、食べ物はおいしく、老後を過ごすには抜群の環境です。人口減の地域だから、過疎化が進む地域だから、可能になる事業といえるでしょう」（高橋社長）

益田だからこその先進例を作ることができると、高橋社長は意欲を見せている。

地域にとっての〝幸せ〟をとことん追求できる組織に

自然の中で、安心して過ごせる快適な施設を作れば、住んでいる人の暮らしはより豊かなものになる……。

高齢者施設は、創業者から引き継がれた「人を幸せにする」こと、そして現在、高橋建設が掲げる「ふるさとの美しい自然と都市機能を調和させて、地域の人々が快適で豊かな生活を築くこと」をまさに形にしたものとわかる。

また、この考えは高橋建設の社員への姿勢にも現れている。たとえば、女性の登用は30年も前から始まっていたという。

「『女をトンネル工事に入れちゃいけない。山の神様が怒って災いが起こる』。そんなことがいわれていた当時から、父は女性がもっと建設現場で働くべきと言っていました。女性は繊細で根気強く、書類などは正確に作ってくれるし、測量しても間違うことはない。男性と同じにできます」（高橋社長）

２０１７年、高橋建設は、島根県の「しまね女性の活躍応援企業」に認定された。管理職の女性の割合を30％以上にし、結婚や妊娠、出産、育児、介護があっても退職することなく継続して就労することなどを目標に、行動計画を立てたことが評価されたが、それ以前からの積み重ねがあればこそと高橋社長は語っている。

業界での３Ｋのイメージを払拭したい。また、地元・益田のために力を尽くしていきたい。会社も業界も地域もまだまだこれから変えていきたい。

「地域にとって、社員にとって、何が幸せなのか。みんなで考えていける会社でありたい」と高橋社長は語っている。

合板製造・販売

日新グループ

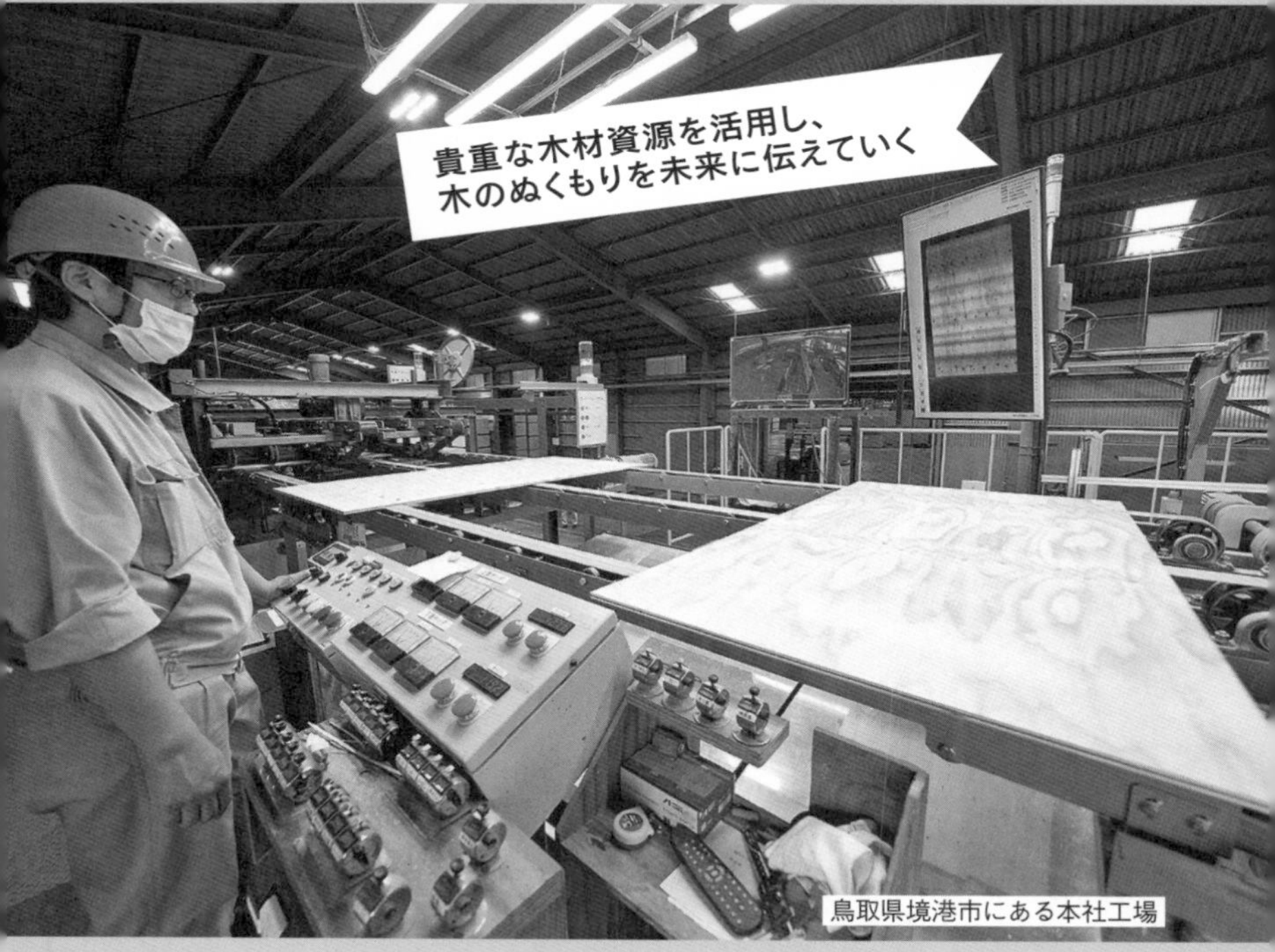

貴重な木材資源を活用し、
木のぬくもりを未来に伝えていく

鳥取県境港市にある本社工場

設立／1947（昭和22）年10月8日（日新林業）

事業内容／長尺を含む針葉樹構造用合板、フロアー台板、コンクリート型枠用合板、クロス下地合板、内装用合板、LVL等の製造・販売（日新）

資本金／1億2780万円（グループ計）

従業員数／810人（グループ計）

所在地／〒690-0887 島根県松江市殿町383山陰中央ビル（日新ホールディングス）

URL ／ https://www.nisshin.gr.jp/

環境に優れ、災害にも強く、自在に設計もできる「構造用合板」を製造・販売

東京湾の奥、東京都江東区の海上に作られた埋立地の一つに、２０１９年10月、姿を現したのが、東京オリンピック・パラリンピックの会場に予定されている有明体操競技場だ。海に浮かぶ「木の器」をイメージしたというデザインの意図通り、大きく突き出た庇《ひさし》が船底のように見えるが、そばに寄って驚くのがそこに使われている木材の量だ。

会場に入れば、柱のない巨大な空間に思わず上を見上げるが、そこでも目に入るのが木材だ。天井の端から端まで約90メートルにわたりアーチ状の木造の梁がわたされている。観客席にも外装にも、いたるところに木材が使われているのが有明体操競技場の大きな特徴といえるだろう。

1 日新グループは、日本の森林資源を守るべく国内の針葉樹を原料として活用している
2 最近では、日本各地から就職を希望する人材がやってくるようになった
3 日新ホールディングス株式会社の又賀航一社長（国宝・松江城を望む事務所にて）

国産材100％を使用した最新鋭の三重工場

ここに構造用合板《ごうはん》を提供しているのが、島根県松江市に本社を置く日新グループである。

「軽くて強度があり、保温効果や遮音性にも優れているのが合板。過去の震災を見てもわかる通り、合板を用いて建てられた新しい工法の家は、耐震性に非常に優れているため、ほとんど被害に遭っていません。また、ほかの鉄などの素材に比べ、製造過程でのCO_2の排出が非常に少ない。むしろ植林をして木が成長する間、ずっとCO_2を吸収してくれます。環境に対して非常に優れた素材です」

こう語るのは、日新グループを率いる又賀航一氏だ。

合板とは、丸太を薄くむいた木材の板を何枚も重ね合わせ、接着して作る人工の板のこと。よく知られているのが貼り合わせをしない1枚板の「ベニヤ板」だろう。合板は1枚1枚の木目が交差するように互い違いに重ね合わせるため、横にも縦にも強く、伸び縮みの少ない板を作ることができる。素材や枚数、重ね合わせ方、接着方法を工夫することによって、強度はもちろん、伸縮性や断熱性、吸音性など自在に設計できることが合板の大きな特徴である。

中でも、建物の主要な部分を支えるために特別な強度を持ち、変形にも強く、耐震性、耐風性、気密性、防音性をも併せ持つ優れた合板が、構造用合板だ。主に木造住宅の屋根や壁、床に使われている。有明体操競技場でも、日新が提供する構造用合板がふんだんに使われているわけだ。

日新グループは、木材の仕入れから合板の製造、販売、森林資源の管理まで一貫して行ってきた。グループ会社の本社や製造拠点は主に島根と鳥取の山陰に集中するが、四国の徳島や中部の三重にも工場があり、また、東京やカナダのバンクーバーにも営業や原木仕入れの拠点を持つ。

合板の原材料となる木材は、国産のスギ、ヒノキなどの針葉樹が80％以上を占め、月に製造で使う木材は約50万本（約10万㎥）にのぼる。日新グループの合板の国内シェアは30％、西日本で最大の合板メーカーグループだ。

合板は主に住宅用の建材として使われる。販売先も国内の主要住宅メーカーだ。それらメーカーに直接納めるほか、各種流通を通して各地域の工務店などへも供給している。

戦後の住宅需要増大で急伸長、西日本で最大の合板メーカーへ

日新グループの前身は、戦後間もない１９４７年10月、島根県八束郡宍道町で設立された日新林業株式会社に遡る。創立時の取締役社長、田部長右衛門《たなべちょうえもん》（23代）が所有する広大な山林の木材を活用する目的で興された会社だった。

田部家は鎌倉時代に紀州田辺（和歌山県）から島根に移り住み、たたら製鉄を家業とした。砂鉄を溶かすために必要だったのが燃料となる炭で、それを作るために膨大な量の木材が必要だっ

創業当初の日新林業株式会社宍道工場

た。そのため田部家では代々にわたって広大な山林を購入し、所有することになった。その面積は2万5000ヘクタールといわれ、個人では日本一の山林王であった。

田部家のたたら製鉄は江戸時代に全盛をきわめ、明治を経て大正時代まで続いたが、その後は鉄鉱石による製鉄業が主流となるにつれて、下火になっていく。実際、大正時代に田部家はたたら製鉄から撤退し、製炭業へと業務を転換させた。炭は当時の日本では貴重な燃料で、特に1945年の終戦後は、日本の復興のために欠かせないエネルギー資源となった。田部長右衛門は、1946年に丸田薪炭有限会社を設立して、急増する木炭の需要に対応した。

日新グループの創業に欠かせない人物が、もう一人いる。日新林業株式会社の創業時、常務取締役だった又賀清一だ。現在の日新グループの又賀社長の父親である。

島根県益田市に生まれた又賀清一は、松江商業学校を卒業後、和歌山高等商業学校で学び、卒業後に故郷に戻って家業の木材業に就いた。そこで出会ったのが、前述の田部長右衛門（23代）

だ。1943年、田部長右衛門が所収する山林の豊富な木材資源と、又賀清一の木材業の経験を活かした接点が島根県地方木材株式会社だった。同社は第二次大戦中には国の統制会社（県内の300社を統合して設立された）だったが、1945年の終戦で統制は解除され、そこで改めて1947年に作ったのが、日新林業株式会社だ。

日新林業の業務は、創業当初から合板の製造だった。初めは田部長右衛門が所収する島根県飯《い》石《いし》郡の松材を原料としたが、1950年代になると海外のラワン材を用いるようになった。安くて木材の径が大きいため合板製造に向いていたためだ。合板の需要は、戦後の住宅需要の復興と日本の高度経済成長とともに急伸し、山陰地方ばかりでなく、西日本の住宅需要に応えるため、日新林業は同業者を吸収合併したり、1966年には浜田市周布《すふ》町に日本海合板株式会社を、また、1970年にも松江市に湖北ベニヤ株式会社富士見工場を設立したりしながら、次々と合板製造の拠点を増やしていった。

1998年には現在の株式会社日新を設立し、各社はグループ会社として現在に至っている。

輸入ラワン材から国産針葉樹への転換が追い風に

その後も日本の住宅需要に応えて急成長していった日新グループだが、2000年に転機を迎える。原料をラワン材から国産の針葉樹に切り替えたのだ。

皇太子ご夫妻（当時）　日本海合板株式会社をご訪問

「南洋材で（グループ各社の合板製造が）伸びたことは事実ですが、（輸入元だった）マレーシアやインドネシアでは自国の工業化を進めて、現地で合板を製造し始めました。それがどんどん日本へ入ってくるようになり、一時、日本で使われる合板の６～７割にものぼりました。日本の合板業界はどん底に落とされ、大変な状況になりました」（又賀社長）

日新グループが原材料を国産の針葉樹に切り替えたのは、日本の企業と森林資源を守るためだった。その後も輸入品との戦いは続くのだが、そんな中でも合板の新しい可能性が見えてくる。１９９５年１月、阪神・淡路大震災が起こり、耐震性に対する関心が急速に高まってきた。その後の調査で、合板を用いた住宅が地震に強いことがわかってきたのである。

「合板は軽くて強くて丈夫、しかも価格は手頃。それが改めて認められました」（又賀社長）

従来、針葉樹を使って合板を作ると節が目立ち、それが嫌われた。だが、震災により、見た目よりも強度が優先されるようになった。日新グループの作る合板の品質が改めて認められるようになったのだ。さらに追い風となったのが環境問題だった。地球温暖化が世界的な問題となり、工業製品の製造過程で排出されるCO_2の量が問題視されるようになった。合板の製造でも確かに動力を使い、CO_2は排出される。だが、原材料を得るために、山に植林し、40年50年と長い年月をかけて木を育てる間、樹木は光合成によりCO_2を吸い込んで炭素（C）を樹皮に貯え、酸素（O_2）を森の中にはき出す。そういった中で、日新グループは植林や樹木の育成にも関わることで、環境に優しい産業としても認められるようになった。

2018年、三重県に製造拠点、目指すは関東圏の住宅と〝非〟住宅

こうして一貫して国内の住宅需要を満たしてきた日新グループだが、2011年4月、四国の住友林業の工場（従業員150人）を引き受けるとともに、新たに2018年3月には、三重県多気郡に約70億円を投資して三重工場を建てたことで西日本地区でのマーケットシェアを拡大させた。

三重工場はグループとしては8番目の工場だが、それまでの7工場は鳥取、島根、徳島にあり、三重工場はグループの中で初めて西日本を飛び出し、中部地方に築いた製造拠点だった。紀伊半島全域のヒノキやスギを用いてフロアー台板や内装用合板、塗装型枠合板を生産するが、これまでのように西日本の住宅需要に応えるだけでなく、三重工場のある中京圏、さらに関東圏の新築需要や、既存住宅の耐震強化のための合板製造を供給していくのが目的だ。

「東京都内はともかく、周辺の埼玉、茨城、群馬、千葉などは人口は減っていても住宅は増える

傾向にあり、大手のハウスメーカーさんは例外なくそこに拠点を持っています。そのため、我々もそこへ向けて合板を運んでいきます」（又賀社長）

大手ハウスメーカーだけではなく、住宅の大部分は地域に密着した中小のハウスメーカーや工務店が建設している。住宅業界に貢献するため、少しでも関東圏に運びやすい物流を模索するという。もう一つ目標として掲げるのが、〝非〟住宅の需要に応えること。オフィス、学校、病院、介護施設など、大規模な建築に合板の使用を広げていく。

冒頭で紹介した東京都江東区の有明体操競技場が象徴的な例だろう。同じような事例が最近になって次々と生まれている。

四国の東端、徳島県小松島市の㈱日新の四国工場でも、合板の新たな可能性を見せてくれる施設が完成した。四国工場の敷地内、住宅地と接する道路沿いに２０１９年の春にお目見えしたのが、リニューアルで生まれ変わった社員厚生棟（食堂・休憩棟）だ。

「普段から厚生棟を使う人が多くなっただけではなく、仕事が終わったあとも、これまではすぐ家路についていた人たちが、ここへ立ち寄るようになったと聞いています。日曜日に子供を連れて一緒にごはんを食べに来る社員もいるそうです。本当にくつろげる、家族にも自慢できる厚生棟をと、みんなで意見を出し合って作りました」（又賀社長）

ワークショップ形式で従業員の声を採り入れて設計に活かした。この厚生棟でも壁、屋根、床などに構造用合板が使われていることはもちろんだが、目に見えない部分だけでなく、天井や窓枠、つい立て、さらに普段使うテーブルや椅子、ソファなどにも自社製の合板が使われている。厚生棟の中に入れば全身が木に包まれる感覚だ。建物全体が、さながら合板のモデルルームのようでもある。

大きな窓とペンション風のデザインも美しく、夜になればその大きな窓から中の照明の光が溢れ出て、真新しい商業施設のようにも見える。実際、2人連れがカフェと間違えて入ってくることもあるそうだ。この厚生棟は2020年10月、第33回日経ニューオフィス賞のニューオフィス推進賞「四国経済産業局長賞」を受賞している。

「壁倍率5倍」「長尺」の構造用合板、オフィス、学校、病院、公共施設に大きな可能性

2020年秋、日新グループは壁倍率5倍の長尺の構造用合板の発売を始めた。

壁倍率とは地震や台風で建物がぐらぐらと横に揺れたとき、壁がどれほど持つのかその強度を表す指標だ。筋交いが1~3倍ほど（木材の太さによる）、また、従来の構造用合板は高くとも4倍がせいぜいだった。だが、この製品は5倍と、これまでにはなかった耐震性を備える。また、通常の合板がサブロク（3×6）と呼ばれる910ミリメートル×1820ミリメートルなのに対し、この製品は3メートルほどある「長尺」のため、大型の建物で使いやすい。窓を大きく取っ

たり、天井を高くすることも可能になる。合板の用途を一気に広げる画期的な製品である。
「もともと日新は長尺の合板製造から出発した歴史があって、得意分野です。長尺で壁倍率5倍ですから、天井が高く、柱がなく、窓の大きな大型の施設にピッタリ。価格は確かに高いですが、その分、用途はうんと広がります。安定した需要があると見込んでいます」（又賀社長）
ほかにも板の厚みを通常の合板より増して強度を高くした製品など、新しい合板の開発は続いている。合板を六角形に並べてハニカム構造にした製品は、強度があり六角形の中が空洞なので軽量だ。人気のヒノキを用いた床材、ヒノキのフロアー台板もある。無垢材（丸太から切り出したままの板や柱）にありがちな反りや割れがなく、合板の安定した品質で、ヒノキの持つ香りを楽しめる。これは前述の三重工場でも、紀伊半島のヒノキを用いて生産されている。

山陰にこだわらず、日本と世界を目指してほしい

山陰で生まれ、今では全国へ合板を供給する日新グループ。そこに今、全国から続々と人材が集まっているという。

「昨年度（2020年度）は、大卒が9人入社しましたが、山陰が好きだと、一人は香川から、もう一人は三重から入社しました。今年度（2021年度）も、山口県の宇部出身の学生が入り

ます」（又賀社長）

又賀社長は、日新グループが全国的に知られるようになったことを喜びつつも、こう語っている。「山陰の会社ですが、お客さまは99%が島根以外。販売の仕事に就けば、打ち合わせやアテンドなどで週のうち4、5日は出張しなければなりません。地元にいられるのは週に2~3日だけ。私自身、あちこちを飛び回る生活を続けています。出雲の人は温厚で、この土地は教育や文化でも民度が高く素晴らしい。だけどここに定住すればそれで楽しい人生が全うされると思っているのならそれは違います。むしろ山陰を飛び出すつもりの気概を持ってほしい。人生を自分で切り開いて、自分の努力でつかんでほしい。そしてそんな覚悟がある人間ならば、どこで仕事をしても幸せになれるでしょう」。

山陰が好きな人はもちろん歓迎だが、山陰にこだわらず、全国に合板を供給する企業の一人として、国内ばかりでなく世界を相手に新しい事業を始める意欲を持ってほしいという。

現在、グループ全体の売り上げは768億円だが、20年後には売り上げ1千億円、経常利益100億円の企業にしたい。また、国内シェアは現在30%だが、50%にまで高めるのも目標だ。そのため、仕入れから製造、販売までの一貫した体制をより合理的、効率的なものにしていく。また、国内だけでなく、海外にも合板を普及させたいという。「世界一の技術で、日本一の合板工場」エクセレントカンパニーになることを目指す。

「新しいことを始めるには、新しい力が必要」と又賀社長は語っている。

（交通コンサルタント）

株式会社バイタルリード

「交通」をキーワードに地域の課題を解決
「田舎のMaaS」を実現する

石見銀山でのゴルフカートを用いた「実証実験」の様子

設立／1998（平成10）年（2005年に株式会社バイタルリードと社名変更）

事業内容／道路計画や公共交通計画、
観光振興や地域活性化の計画、コンサルティング

資本金／4500万円

従業員数／49人（2022年4月1日現在）

所在地／本社　〒693-0013 島根県出雲市荻杼町274番地2

URL／https://www.vitallead.co.jp/

「田舎のＭａａＳ」を実現する

島根県出雲市に本社を置くバイタルリードは、「交通」に特化してコンサルティングを行う頭脳集団である。

主な仕事の一つが道路計画や公共交通計画の策定だ。県や市町村などの自治体の依頼により、地域の公共交通の運行実態をはじめ住民の生活事情やニーズを詳しく調査し、それら膨大なデータを解析しながらバス、タクシー、船舶、ときにはまったく新しい乗り物も繰り出し、最適な「交通」のあり方を探っていく。

これらの仕事で蓄積してきた知見とＩＴを組み合わせて、オンデマンドによる乗合タクシーシ

1 バイタルリードの創業者・森山昌幸社長
2 バイタルリードには島根県外からも異色の人材が集まってくる
3 出雲市にあるバイタルリードの本社

ステム「ＴＡＫＵＺＯ（タクゾー）」など、地域の交通課題を解決する独自サービスも開発、提供している。

乗合タクシーシステム「TAKUZO」のキャラクター

「過疎地域では行政が補助金を出して公共交通を運行していますが、全国の極端な例ではバスで一人1キロメートルを運ぶのに20万円をかけているところもあります。ガラガラのバスで空気を運ぶのに補助金を出しているようなもの。本当に（公共交通の）経営が成り立ち、地域の活性化が実現する『新しいビジネス』を動かしていく、交通系コンサルタントとＩＴ、旅行業を組み合わせて、『田舎のＭａａＳ』を実現していくことが、今我々がやろうとしていることです」

「交通」の研究者であり、バイタルリードの創業者である森山昌幸社長は、同社が目指すところをこう語っている。

ＭａａＳ（Mobility as a Service）とは、地域の住民一人ひとりのニーズを汲み取り、複数のサービスを組み合わせて最適な「交通」を実現すること。現在、国をあげて取り組んでいるが、注目されるのは大手自動車会社やＩＴ企業が提案する自動運転などの先端技術だろう。

だが、むしろ本当に注目されるべきなのはＭａａＳを必要としている過疎地域だ。

人口減が進み、鉄道は採算が取れなくなって廃線、バスも本数を減らされてしまった地域では、自力で車を運転できるうちならばともかく、高齢でそれもかなわなくなれば、日常の買い物のために何キロも歩いたり、タクシーを利用したりしなければならず、そんなところが日本中で急増している。自治体が公共交通に補助金を注ぎ込むものも限界がある。そこで期待されているのがＭａＳだ。

大田では「定額タクシー乗り放題」の実験

多くの地域の「交通課題」に取り組んできたバイタルリードの、最近の代表的な仕事といえば、２０１９年に島根県大田市で取り組んだプロジェクトだろう。

大田市温泉津町《ゆのつちょう》はその名の通り温泉街で栄え、海に山に自然に恵まれた土地だ。だが同町の井田地区は人口約５３３人、高齢化率54・6％（いずれもプロジェクト当時）と深刻な過疎化・高齢化が進んでいた。買い物や通院の交通手段が大きな問題となっていた。

そこで２０１９年11月から4カ月半、バイタルリードの提案で行われたのが、「タクシーの定額乗り放題」の実証実験だ。

「都心と田舎では同じタクシーでもビジネスはまったく違います。都心では流し営業が中心。しかし、田舎では需要はポツポツとあるだけ、しかも電話で予約して自宅まで来てもらう使い方です」（森山社長）

「タクシーの定額乗り放題」の実証実験の様子

1台のタクシーを数人に同時に利用してもらって効率を上げようという仕組みだ。月3300円で井田地区内はどこでも乗り降りが自由で、地区外でも、商店や医療機関、金融機関、行政施設などが集まる温泉津町中心部やJR駅、バス停など9カ所で乗り降りができるようにした。電話による予約受付は、地元のタクシー会社に委託した。

「タクシーの定額乗り放題」の大きな特徴は、人工知能（AI）による配車予約システムを導入したこと。予約状況に応じて通常のセダンタイプと9人乗りのジャンボタクシーを使い分けることはもちろん、複数の人がそれぞれの目的地に効率よく向かえ、バスや鉄道との乗り継ぎもスムーズにできるよう、最適な運行ルートを提案する。

「病院へ行く人や、鉄道へ乗り継ぐ人は予定の時間があるので優先しますが、買い物に行きたいという人には、多少時間をずらしてまとまって向かってもらうこともあります」（森山社長）

いかに利用者を〝束ねられるか〟が課題だが、優先度によっては我慢もしてもらう。

「都心のようにひたすら『利便性』を求めるのではなく、田舎では『みんなが幸せに暮らせるように』という意識で交通環境を作る。そうすれば本当にいいものができます」（森山社長）

2019年11月のサービス開始時には14人の会員でのスタートだったが、会員は月に2～3人ずつ増え、実験終了の2020年3月には22人になった。また、実験期間中に外出が増えたという人は、月に5〜10日の増加が44％、3〜4日増加が33％、1〜2日が22％と、着実に住民の外出を促す効果が認められた。特に、温泉へ行くなど自分の楽しみのための利用が多いという。先端技術を用いつつも、「地域を思う」人間的な気持ちが欠かせないということなのだろう。

実験終了後も「定額タクシー」は続けられ、会員は現在30人まで増加した。鳥取大学との共同研究では、会員が80人になれば黒字化でき、運転手も一定の年収が得られるという試算が出ている。そのため現在はエリアを広げたり、人だけでなく地元で獲れた農産物を運ぶなどの案も出ている。利用する側にとっても月3300円が負担な人もいる。そこで利用者が手芸品を作り、販売することも試みられている。

「システムを作って終わりではありません。交通とは〝地域づくり〟そのものです。ドイツではシュタットベルケ（Stadtwerke）といって、地域で再生可能エネルギーを作り、そこで稼いだお金で公共交通を運営しています。日本でも目指していかなければ」（森山社長）

「交通課題」解決のための調査、分析、提案、システム開発も

「交通」に特化した企業、バイタルリードはどのように生まれたのか。

森山社長は大学では農業土木を学び、卒業後はゼネコンに就職して、新幹線をはじめ鉄道の高

架建設の現場で働いた。だが、学生時代にインドネシアに滞在した経験から海外勤務を希望したがかなわず、故郷の島根に帰ることにしたという。

ゼネコンの経験を活かそうとしたが、帰ってみて気づいたのは、建設部門の技術士の国家資格を持つ人は県にわずかしかおらず、中でも道路計画の専門家は自分一人だけだったことだ。

「それでいろいろなところから問い合わせが来ました。といっても、私は交通関係の知識は大学のカリキュラムで勉強していません。もっと勉強しなければと広島大学の交通工学研究室へ修士の学生として入り、そのときに集中講義で公共交通の授業を受けました」（森山社長）

修士修了後に起ち上げたのが、「街づくり」を専門とする建設コンサルタントだった。一人で何もかも行い、事業が軌道に乗ると、働きながら博士課程へ進学して専門を極めた。

博士論文で取り上げたテーマが「中山間地域の公共交通の計画の支援システムの開発」だ。そこに着目したのが国土交通省だった。国のプロジェクトとして研究費を出してくれるという。研究が事業になることに驚きつつも、森山社長は役割の大きさを自覚した。

2005年、46歳のときに修士の学生時代の同級生とともに設立したのがバイタルリードだ。「交通」をキーワードに、技術サービスで地域課題を解決していく。社会を元気に、幸せにしていく。研究をそのまま事業にした。

当初の仕事は、「公共交通」計画策定のための調査や提案がほとんどだった。主に中四国で多くの調査を行い、関連するシステムの開発にも携わった。

２００４年、国土交通省中国運輸局の仕事で開発したのが、「ＣｏｍＰＡＳＳ（Community-bus Planning Aid Simulation System）――地域バス運行計画策定支援ソフト」だ。コンピューターに地図を表示させ情報を重ねながら分析するＧＩＳ（地理情報システム）を用いて、バス運行の「採算性」をはじめ住民の「暮らしやすさ」「満足度」「平等性」などの指標で、運行計画を評価、策定できる。専門知識がなくとも運行計画を練ることができ、中国運輸局は希望する市町村に無償での配布を呼びかけたところ、全国の自治体から申し出が殺到した。

「ＣｏｍＰＡＳＳ」を応用して、２００９年に開発したのが、「Ｓｅａ-ＣｏｍＰＡＳＳ（Sea & Island Community transport Planning Aid Simulation System）――海上交通の運航計画の策定支援システム」だ。やはりＧＩＳで離島の人口分布や生活拠点施設の分布を目に見えるようにし、航路や路線バスの「現況分析」を行いつつ、地域の需要とコストを見比べながら、住民の「満足度」や「生活の質（暮らしやすさ）」の評価も行い、最適な航路を計画できる。

シェアドスペースで生まれ変わった出雲大社「神門通り」

「最適な交通」が求められているのは、過疎地や離島ばかりではない。街なかの活性化のため、交通のあり方を見直す地域は多い。賑わいを取り戻したいと願っている観光地も同様である。

２０１０年前後からバイタルリードで取り組んだのが、出雲大社の「神門通り」の再整備だった。

バイタルリードが手がけた出雲大社の「神門通り」の再整備により、訪れる人も大幅に増えたという

出雲大社の大鳥居から南へまっすぐ伸びる参詣道の「神門通り」は、1912年の国鉄大社線開通とともに開設され、出雲大社の参拝客で溢れ、土産物店や旅館が軒を連ねた。だが、1990年に大社線が廃線になって自動車による参拝者が増えると、立ち寄る人はめっきり減ったという。

2008年からの出雲大社の「平成の大遷宮」が巻き返しの大きなチャンスだった。商店街や地域住民による「神門通り甦りの会」が結成され、賑わいを取り戻そうと活動が始まった。商店のリニューアルや新たな公園の設置など景観整備を進める一方、道路整備も重要な課題となり、何人かの専門家とともに「交通」関係の専門業者として参画したのがバイタルリードだった。

「そこで採り入れたのが、ヨーロッパで始まった『シェアドスペース』です。わざと『危険な空間』を作ることで安全を意識してもらい、交通事故を減らそうという整備方法です。日本では初めての試みでした」（森山社長）

当時の「神門通り」はもっぱら自動車が通り過ぎるだけの道路だった。両側に歩道はあったものの、松並木があるために並んで歩くことは難しく、歩行者に優しいつくりではなかった。

そこで「シェアドスペース」として歩道と車道の段差をなくし、両側の歩道幅を大幅に広げた。

車道幅は狭くなり、しかも歩道との段差がなくなって危険になったように思えたがそこが狙いだ。通りを石畳に替え、色の違いと白線で車道と歩道の区別をするようにしたところ、視覚的に車道幅が狭まったことが明確になり、ドライバーはスピードを落として走るようになった。歩行者は安心して並んで歩けるようになり、段差がなくなったことで通り全体の一体感も増した。

町屋風の瓦屋根の家に、おしゃれな土産物店やスイーツショップが出店し始め、店数は倍増した。「神門通り」は、懐かしさと目新しさが同居する洗練された街並みに様変わりし、特に女性たちの大きな支持を得て、訪れる人はかつての10倍に増えたという。

ゴルフカートを活用したグリーンスローモビリティで世界遺産・石見銀山の観光客や住民にも喜ばれる

意外な車両の採用が話題を呼んだ例もある。

島根県大田市の石見銀山遺跡は、２００７年世界遺産に登録されると観光客が急増し、地元ではバスの増便で応えようとした。だが、住民から騒音や排ガスなどの影響を指摘されて断念。観光は徒歩か自転車で行わなければならず、勾配のきつい道が続く環境では、高齢者や足腰の悪い人には無理がある。実際、ピーク時81万人だった観光客は、27万人まで減少した。

２０１９年12月よりバイタルリードの提案で始まったのが、グリーンスローモビリティ――ゴルフカートを用いた「実証実験」だった。ふもとの街から坑道入り口までの片道約3キロを20分かけて走り、途中、合図をすればどこででも乗り降り自由なフリー乗降区間を設けた。

道幅は、山道のため平均で3・5メートル、最も狭いところでは2メートルほどしかなく、自動車が通り過ぎれば歩行者は危険に感じる。だが、ゴルフカートなら車幅は1・3メートルと一般車両に比べて狭く、時速20キロ以下の低速走行なので、歩いている人を圧迫することはない。

ゴルフカートは、電動のため静かで、しかも屋根だけの構造なので開放感があり、乗っている人は外の空気に触れながら、ゆっくりと変わる景色を楽しむことができる。

2019年12月に運行が開始され、約1年間の実験で利用者は延べ約1万4000人に及んだ。アンケートによれば観光客にも住民にも好評だった。全国に呼びかけ2021年1月には「ぎんざんカート」という愛称も決まった。2021年4月から有償での実験に移っている。

地方のタクシーをフル活用させる！オリジナル製品「TAKUZO」を全国展開へ

バイタルリードでは、大田市温泉津町の実験から独自サービスも開発している。「定額乗合タクシー」支援のAIオンデマンド配車システム「TAKUZO」だ。

地域の数少ないタクシーをフルに活かすため、依頼があればAIを用いたシステムで「あいのり」や「時間をずらす」などの調整を行い、最適な運行ルートを提案する。電話のほか、スマートフォンのアプリでも予約が可能だ。ベンチャーキャピタルからの投資を受け、全国に向けて本格的に「田舎のＭａａＳ」を提供していく。

「今、交通の世界は１００年に一度の大転換期です。自動車では電化、自動運転、シェア、コネクテッド（通信で車両や運転を管理・支援する仕組み）などが進み、電動キックボードのような新しい乗り物も登場し、ウーバーのようなライド・シェアも出てきています。そしてＭａａＳ。システムも数多く出ていますが、『田舎向けの交通』サービスに取り組んでいるところは、世界的に見てもあまりありません。大手が莫大な資金をかけて都市型のモデルにこだわっている間に、当社は独自のポジションを築いていくつもりです」（森山社長）

バイタルリードには大手企業、ベンチャー、中央官庁経験者など異色の人材が続々と集まっている。女性に働きやすい環境も整え、従業員は女性28人、男性21人（２０２２年4月時点）と女性が多い。

島根の中小企業が、日本全国、さらに世界の「田舎の交通」を大きく変えようとしている。

オンリーワンを突き進む島根の注目企業

高齢者向け完全調理済み
メニュー食材製造販売

モルツウェル株式会社

2040年の高齢者食を、テクノロジーを駆使して
楽しく自由に！ できることはすべてやる

松江市にあるモルツウェル株式会社の本社

創業／1996（平成8）年11月4日

事業内容／介護施設向け完全調理済みメニュー食材の製造販売、介護施設給食、在宅配食、買い物支援、ソフトウェア開発ほか

資本金／1000万円

従業員数／150人（パート・アルバイト含む）

所在地／〒690-0816 島根県松江市北陵町18-1

URL ／ https://morzwell.co.jp/

大手持ち帰り弁当フランチャイズチェーンで起業
掟破りといわれたデリバリーに勝機を見出す

特殊な「真空調理法」により、全国の介護施設へ朝・昼・夕食・デザートまで、栄養管理された完全調理済みの食材を製造・販売するのが、松江市に本社を置くモルツウェル。北海道から鹿児島県まで、全国約３００の高齢者施設へ、毎日１万３０００食を届けている。

「施設給食業界なので医療給食出身者が多いと思われがちですが、実は僕を含め、ホテル業や飲食店など飲食サービス業界の経験者が多い。目指しているのも、栄養管理だけでなく、ホテルや飲食店の『美味しさ』と『おもいやり』の心を大切にするサービスです。高齢者がエンドユーザー

1 モルツウェルでは介護施設の厨房運営の支援も行っている
2 モルツウェル株式会社の代表取締役社長・野津積氏
3 買い物弱者を支援する事業「ごようきき三河屋プロジェクト」にも参画している

であるが故、安全・安価・栄養バランスに優れるというのはマスト要件ですが、食事でいかに喜んでいただくか。これを徹底的に追及しています」

こう語るのは、モルツウェルの野津積社長だ。

同社は人材不足に悩む介護施設厨房運営の総合的支援も行っている。

島根県出雲市出身の野津社長は、小学5年生で「ホテル経営をする」と決心した。父親がホテルマンだった影響は大きく、実際、中学生になるとホテルの現場に駆り出され、顧客を喜ばすためのきらびやかな世界の裏側で、黒子に徹して汗を流すスタッフたちを間近に見た。

「黒子はかっこいい」と自分も一員になりたいと思った。

大学2年生には映画『007は二度死ぬ』を観て感動、卒業後は法務省の公安調査庁公安調査官、〝和製ジェームズ・ボンド〟として3年間働いた。

「『国家国民のために働く』という強いモチベーションと、『先憂後楽（天下の憂えに先んじて憂え、天下の楽しみに後れて楽しむ）』の精神を叩き込まれました（笑）。誰もが『安心して暮らせること』って簡単じゃないけど大切なこと。そのために黒子として力を尽くす。そんな考え方はモルツウェルの企業作りの基盤になっています」（野津社長）

ホテルマンも公安も野津社長にとっては黒子として世に尽くす存在だ。それを目指す気持ちはその後の仕事に現れていく。

1992年、島根にUターンすると松江市内の高級ホテルの職に就いた。ホテル経営をやりたかったが資金も信用もゼロ。そこで1996年、「核家族化が進む時代、必ず働くお母さん方が増える」と、弁当店を始めた。わずか8坪の店を買い取り、持ち帰り弁当の全国フランチャイズチェーンのオーナーとなった。

当時、全国の店の平均月商は400万円ほど。だが、野津社長の店はすぐに600万円を超えた。自分が作る弁当を買ってもらえることに感動しつつ、「もっと売れるはず！」と欲が出た。自前でチラシを作り近所にポスティングすると顧客は増え、事業所を回れば「お弁当を持ってきてくれる。ありがたい」と注文はさらに増えた。

「特に工事現場のみなさんからはずいぶん注文をいただきました。初めは自分のワゴン車に乗っけて運んでいましたが、とにかく売れるので、宅配用の軽自動車や三輪スクーター（スリーター）も用意して、専任のポスティング営業兼宅配員も配置しました。デリバリー受注システムも自分でＥｘｃｅｌで作りましたね」（野津社長）

顧客の住むエリアを調査して、効果的なポスティングを考案。まだスマホが普及していない時代、ｉモードでショップページを作り、雨の日セール、特売セールなどプッシュ型の広告を打ち出した。独自アンケートにより、弁当と一緒にサラダがほしいというニーズを掘り起こし、1日200個を売り上げるヒット商品を作りあげたこともある。開店2年後には月商1300万円を達成し、全国3400店舗中、売上高日本一になった。

ところがフランチャイズ本部からは「契約解除」を突き付けられた。フランチャイズにデリバ

持ち帰り弁当のフランチャイズチェーン・オーナー時代の野津氏（妻昭子氏と）。開店後わずか2年で売上高日本一を達成

リーの仕組みはなく、ルール違反だったからだ。

だが、日本一の売り上げを達成すると本部はすぐに「素晴らしいビジネスモデル。これからの時代はデリバリーだ」と姿勢を変え、野津社長の作ったシステムやマニュアルをベースに、日本初の温かいお弁当のデリバリーシステムを全国に広げた。

一方、野津社長はまったく別の大きな収穫を得ていた。

「飲食デリバリーは、お客さんに家のドアを開けていただける仕事。玄関口にはパンツ一丁で出てくる人もいますし（笑）、優しい人、怖い人、嫌みな人、お金持ち、貧乏人、お年寄り、鍵っ子……。ありとあらゆる人の生活臭があります。これほどのｅｘａｍｐｌｅを得ることができた経験は、後のビジネスに大きな影響を及ぼしました」

店頭にやってくる子供たちの数がめっきり減る一方、一人暮らしの高齢者への弁当デリバリーが目立って増え始めたことにも気づいた。お客さんの家のドアの向こうに大きな可能性があった。

独居高齢者をターゲットに弁当配食サービスを開始。〝弁当箱〟から〝真空パック〟に切り換え、介護施設からの注文獲得

こうして2004年、野津社長が立ち上げたのが、高齢者向けの弁当配食サービスのウェル・ビーイング有限会社だ。

同業者はおらず、狙い通り注文はたちまち増えた。頼まれれば靴を脱いで家の中まで入り、冷蔵庫を開けて保管もした。細かな要望に応えることで信用は広がったが、一方「社名入りの配達車両は遠くに停めて配達してほしい」という声も。親の食事に弁当を利用していることを近所に知られたくない。そんな要望もわかってきた。

献立作成、栄養計算、調理製造、盛付け、配達……。すべてを自前でやらなければならず、一日200食も売れば利益が出せた持ち帰り弁当業とは違い、損益分岐点は一日1000食、必死に取り組んでもなかなか超えられなかった。

「商圏が狭すぎて事業が伸ばせない。そこで〝商圏の拡大〟と〝ターゲット変更〟を狙いました」(野津社長)

弁当から、食材を真空パックにして冷蔵で届ける「クックチル調理法」に思い切って変えた。消費期限を弁当の12時間から4日へと大幅に延ばすことができ、商圏は半径15キロから、一気に1500キロへと広がった。ターゲットも、個人から介護施設に入居する高齢者へ変えた。

介護施設の調理師不足が追い風となり、温め直すだけで誰でも提供できる食材は急速に普及。２００６年には北海道から九州をカバーするまでになった。

２００９年、持ち帰り弁当店のモルツクリエーションと、高齢者向け調理済み食材製造のウェル・ビーイングを合併し、現在のモルツウェルとした。

「ふるさと守り」がミッション。地域中小企業、ＮＰＯ、行政６団体で買い物弱者支援事業「ごようきき三河屋プロジェクト」を発足

２０１１年3月11日の東日本大震災は、野津社長にとって事業の意味を改めて考える出来事だった。

仙台の顧客と連絡が取れなくなり、いてもたってもおられず震災の翌日、トラック２台をチャーターして自社の真空パック食材や支援物資を積み込み、自ら現地を目指した。リスクなど一切考えなかった。

交通が遮断されていたため、いったん新潟方面へ回ると、山形の蔵王を越えて太平洋側を目指し、途中、宮城や福島の放送局などと連絡をとると、孤立している介護施設がたくさんあることを知った。花巻を拠点に、釜石から沿岸部を南進して女川まで、孤立していた計14の施設や避難所へ物資を小分けにして配っていった。

「町の8割が津波で冷たい海に引きずり込まれた陸前高田市の光景は忘れられません。いつまでもあると信じて疑うことのなかったふるさとは、決して永遠ではないと悟りました。人口が流出し続ける島根だってこのままではなくなってしまうのではないか。限界集落、危機的集落を通り越し、誰も住んでいない集落がたくさんあります。このかけがえのないふるさとを次代に引き継ぐために、今すぐ手を打たなければ」(野津社長)

東北での経験が、「ふるさと島根を守る」という思いを強くさせた。

島根の経営者やNPO、行政関係者らに声をかけ、モルツウェルほか計6団体で立ち上げたのが、共同受注・共同宅配による買い物弱者支援事業「ごようきき三河屋プロジェクト」だ。

モルツウェルが電話かファクシミリで買い物を受注、それをスーパーマーケットにメールで送付し、店舗で商品をピックアップしてもらう。モルツウェルの在宅高齢者配食サービスは、盆暮れ正月なしの365日1日2回体制で行っている。この物流網を利用して商品を乗せ、注文先まで宅配する。独居高齢者だけでなく、障がい者や、子育て世帯も対象だ。

「僕らは玄関口で靴を脱いで家の中まで上がり込める『毛細血管のような物流』機能を持っています。これを活かし、持続可能な物流、『止まらない物流』を創り出そうという発想です」(野津社長)。外出時でも受け取れるようにと、鍵の在り処を教えてもらっている顧客もいる。信頼は厚い。異変を感じ、室内の電灯や電気メーターの動きで在室していることを確信し、中で倒れている顧客を見つけ、救急車で運んだこともある。ときには「孤独死を発見する」ことも。町の見回り機能も果たしている。

新技術の「真空調理法」で、「調理師ゼロ」、「ピークタイムゼロ」、「食中毒ゼロ」で省人化厨房を実現

話を介護施設向けの調理済み食材サービスに戻そう。

「クックチル調理法」により、全国配送を可能にした後、2014年には、松江市黒田町の本社敷地内に新工場を建設し、さらに進化した新調理技術「真空調理法」を採用した。

真空調理法で作られたメニューは、1000種類以上開発されている

「真空調理法」とは別名「袋調理」といわれ、真空パックの中で加熱調理（殺菌）を行うものだ。調理加工から現地厨房での開封まで一切外気に触れないため、空中に漂う浮遊菌が付着することなく届けられるから安全だ。施設にリヒートウォーマーキャビネット（再加熱機器）を導入してもらえれば、盛付け業務の24時間前倒しも可能だ。実際、各施設では、スタッフの確保がしやすい日中時間帯に盛付けや加工作業を集中させることができ、「調理師ゼロ」、「ピークタイムゼロ」、「食中毒ゼロ」を実現した。

2022年には、ソフトビジネスパーク島根にセントラルキッ

チン（製造工場）を移転新築し、最新鋭の大量調理製造機器を導入した。あらゆる工程をデジタル化して生産性を高め、従来の3倍、一日4万食を超える生産能力を誇る。

真空調理法のメニューは1000種類以上を開発し、現在、美味しく、見た目も彩（いろどり）のよい600のメニューを採用している。また、飽きられないよう定番メニューは常にブラッシュアップ、毎月15以上の新メニューも追加している。

「美味しい」「楽しい」「待ち遠しい」、ホテル・飲食サービス業界の視点での独自メニューとサービスは好評で、現在、全国の約300の介護施設に、1日約1万3000食を製造、配送するまでになった。

モルツウェルが考える2040年の介護施設厨房。集団給食からの脱却　～3つの自由～（選択。時間。環境）

2022年、モルツウェルは、地元島根県内の給食事業者から、介護施設12棟の厨房運営部門（契約）をスタッフごと譲受した。引き受けた80余名の平均年齢は71・8歳。2040年、全国の高齢化率は35・3%になると予想されているが、それは現在の島根県の高齢化率35・3%と同率だ。「2040年のリアル」が島根で進んでいることを思い知らされた。

モルツウェルでは現在、全社員150人の約3分の1にあたる48人が高年齢者だ。また、外国人材の雇用にも積極的に取り組み、現在、6人の海外人材が、製造現場、厨房受託現場、システム開発現場で働く。年齢や言葉の壁で効率が悪くなるのではと思われがちだが、生産性は4年連続で上昇している。取り組みが評価され、2022年、高年齢者活躍企業コンテスト厚生労働大臣賞を受賞した。

モルツウェルが提供する食材や支援システムで大幅な省人化を果たした介護施設は増えた。だが、中山間地域では相変わらず「厨房スタッフの不足で、明日の食事運営ができるか心配だ」という悲鳴にも似た声は大きい。

入居者一人ひとり、日々変化する体調に合わせ、キザミ、ミキサー、粥など個別対応が必要だが、作業はスタッフの記憶や熟練度に頼らざるを得ず、ツールも紙や電卓などのアナログ中心だ。やっとの思いで新人スタッフを獲得しても、覚えることが山ほどあり、目の回るような職場に驚き、早々に離脱、定着は進まない。

モルツウェルが注目したのが、女性や高年齢者、外国人材などの活躍に次ぐ、第4の道、「就労困難者の活躍」だ。就労に課題・障害を抱え無職、低賃金、不安定な就労環境などの状態になっている人たち。その中でも障がい者、境界知能の人々に着目して、障がい者就労継続支援A型事業所と協業、現在、松江市内の2棟の介護施設の厨房を、障がい者だけで運営している。

「誰でも、覚えず、正確に」配膳ができるよう、配膳業務を極限まで簡素化した。また、製造工場と介護施設の厨房とを常時接続し、受発注や請求業務の自動化はもちろん、キザミ加工などをセントラルキッチンで一括加工して納品、配膳まで管理する一貫した支援システムの開発にも取り組んでいる。

AR（拡張現実）を用いた配膳も研究中だ。ARグラスを付けて作業をすれば、カメラが皿のマーカーを読み取り、配膳すべきものを映し出す。「ポケモンGO」で遊ぶ感覚で、間違いのない配膳業務が可能になる。現在、ホシザキ電気（厨房機器）、新川電機（センサーシステム）、三信加工（食器）などと協業を進めている。

もう一つの大きな課題が、2040年からの、新人類・バブル世代の介護施設への入居だ。スマホやPCを難なく使い、ファーストフードやジャンクフードに親しみ、グルメの食べ歩きを闊歩してきた超わがまま世代の入居が始まる。同じ食堂で、同じ時間に、同じメンバーで、同じメニューの食事を食べ続けるはずがない。要望に応えるには、外食企業との連携は欠かせないが、栄養管理の側面からカツ丼や牛丼ばかりを提供するわけにはいかない。わがままを満たしつつ、新たな栄養コントロールの仕組みが求められる。

「高齢者の喫食履歴に基づく栄養管理を行い、急な要求にも応えられるメニューも揃えます。食べる時間も、誰とどこで食べるかも、高級ホテルとまではいかずとも、慣れ親しんだ日常生活に少しでも近づけられるような仕組みを作っていく。『誰もが最期までごきげんに暮らせる』、そんな環境を実現してみせます」と野津社長。

介護施設給食のあり方を、根本から変革しようとしているのがモルツウェルだ。

巻末コラム❶ 映画の力で島根を元気に

島根県の映画文化の灯を絶やさない……
しまね映画祭30年の歩み

映画館がなくても大スクリーンで映画を観たい。映画好きが始めた「しまね映画祭」は、毎年秋、3カ月間にわたり県内各地で公共ホールや公民館を会場に映画を上映するという独自の方法が好評で、2021年、30周年を迎えた。プロの映画監督の指導による映画撮影を体験する「しまね映画塾」も開催。県内外から、しかも小学生～お年寄りまで多くの人が集まり、毎年多くの短編映画が作られている。島根にまた新しい文化が生まれるのだろうか？

2018年のプレイベントとして開催されたのが「波の音シアター」。隠岐汽船のフェリー船体をスクリーンに、故郷・島根を舞台にした錦織監督による「白い船」が上映された(写真上)。開催期間中、県内の複数の公共施設でさみだれ的に上映していく映画祭の構成は、しまね映画祭の独自なスタイルである。映画館のない地域でも観たい映画や古今の名作を大きなスクリーンで楽しむことを可能にした(写真右)。

大きなスクリーンで映画を観たい

映画館がなくとも映画を観たい。大きなスクリーンで映画の醍醐味を楽しみたい。

そんな映画ファンの声に応えて、1992年、県民会館の職員や「大田名画シアター」の代表らが企画し、当時の話題作「ミンボーの女」ほか24本を県内の公共施設で上映したのが「しまね映画祭」の始まりだ。

以後も毎年、続けられるようになり、現在は島根県内の県民会館や隠岐の島、山間部の公民館など10カ所以上の会場で、毎年９月から11月の約３カ月間にわたって映画を上映し続けている。２カ月以上の期間であることや上映会に加えてイベントも行われるユニークなスタイルをとっている。

上映してきた映画は、よく知られたヒット作をはじめ、名画、話題作、インディーズ作品まで幅広く、これまでの30年で１３００作品を超える。上映回数は延べ３０００回、延べ約36万人の人たちが映画を楽しんできた。

2021年の第30回は、9月25日、松江テルサで、この年のテーマ映画「地球交響曲第九番」を皮切りに、10市町村15カ所の公共施設で28作品が上映された。

映画作りを体験できる「しまね映画塾」も開催

２００３年からは「しまね映画塾」も始まっている。

出雲市出身の映画監督、錦織良成氏※を塾長に映画作りを学ぼうというもので、脚本作りから撮影、編集まで、見知らぬ者同士、年代も大きく違う塾生が毎回新たにチームを作り、映画撮影を体験していくワークショップだ。

塾生以外にも地元のボランティアが参加して、１００人を超える大所帯で本格的な映画作りが進んでいく。これまで幅広いジャンルの作品が２００本近く制作されてきた。

合宿で映画作りを体験できるのが「しまね映画塾」。知らないもの同士が塾生としてチームで映画を作っていく。これまでできた短編映画は200本近くに及んでいる。

いずれも数分から10分程度の短編だが、島根の豊かな自然を背景に各地の協力が目にみえる作品となり、また俳優の演技や編集は本格的な映画そのもの。見応えある作品は多く、YouTubeで観ることも可能。

しまね映画祭

※１９９６年『ＢＵＧＳ』で映画監督デビュー。２００２年故郷を舞台にした『白い船』で脚本・監督を務め、ミニシアター邦画作品部門の全国興行成績１位を記録。２０１３年隠岐諸島に伝わる古典相撲を題材に家族の絆を描いた『渾身』が第36回モントリオール世界映画祭に正式招待。同映画祭第40回、２０１６年脚本・監督を務めた『たたら侍』でワールド・コンペティション部門最優秀芸術賞を受賞。２０２２年 最新作『高津川』が全国公開中。

巻末コラム②　喜八プロジェクトの取り組み

鳥取・島根の若者起業家メッセージ
地元に帰ってこいよ！

都会へ出ていく若者がいる。一方では、地元で起業して、誰もやったことがない事業の第一線に立つ若者がいる。地元の事業を引き継ぎ、技術とそれが生み出す逸品を守っていく若者がいる。地域づくりのための活動に専念する若者がいる。

「ここには仕事がない」というのは大きな誤解。

彼ら彼女らから見た地元の魅力とは？　可能性とは？

人口減、高齢化、過疎化……困難をもろともせず突き進む意欲の源泉はどこにあるのか？　島根、鳥取の４人の若者の本音を聞いていこう。

喜八プロジェクトとは？

島根、鳥取では慢性的な求人難が続いている一方、学生や保護者の間には「地元には仕事がない」というイメージが広がっている。このギャップはいったいどこから来るのか。現実には多くの企業があり、取り組むべき仕事があるにもかかわらず、その情報が伝え切れていないことがその理由の一つといえる。

「喜八プロジェクト」とは、鳥取県米子出身の映画監督、岡本喜八氏にちなみ、2007年に立ち上げられた、100年続くまちづくりを目指すNPO法人である。

鳥取県米子市内の元銀行のレトロビル「DARAZ CREATE BOX」を拠点に、地域の情報を発信し続けている。

「地元に帰ろう 帰ってこいよ！キャンペーン」とは？

地元の魅力に気づかず、都会で暮らし続けている若者がいる。そんな若者に対して、「喜八プロジェクト」が展開するのが「地元に帰ろう 帰ってこいよ！キャンペーン」だ。

「DARAZ FM」の広報番組「帰っていいとも！」で地元の個性的な人間を紹介したり、地元の就職フェアなどで地元の魅力を伝える活動をしたり。本書も、地元の企業を深く知ってもらおうという、同プロジェクトの活動の一つに位置づけられている。

このページでは、喜八プロジェクトの意志を継ぎ、自ら起業したり、事業を引き継いだりした若者たちに、地元島根・鳥取の魅力と可能性について語ってもらった。

島根・鳥取若手起業家からのメッセージ

株式会社ワカモノ　代表取締役
野津直生《すなお》さん

東京のIT企業で働きながら、学生時代に立ち上げた株式会社ワカモノを経営しています。事業の一つが「MACHITERASU」——山陰の企業を雑誌とWEBで紹介しています。

私は松江の出身です。都会への強い憧れから大学進学で上京し、想像通りの刺激的な都会生活を送りました。でも故郷は大好きです。たまに帰省して地元の友人と就職について話していると、みな「島根には仕事がない」と口を揃えて言っているのに違和感を覚えました。

松江では両親が会社を経営しており、幼い頃から父親に、経営者が集まる飲み会によく連れて行ってもらいました。そこでは自社への思いを語る経営者が輝いて見えました。島根・松江には輝く企業がたくさんある。それが私の常識でした。

「島根には仕事がない」と言われて悔しく思い、起業して始めたのが、山陰の輝く企業や経営者・働く人の〝ストーリー〟にフォーカスした「MACHITERASU」事業です。隠岐島のメディア会社と共同で立ち上げました。

働く人の思いや物語を取材して発信しています。若者に地元の企業や〝働く〟ということについて知ってもらい、納得のいくキャリアを見つけてほしい。

高校生にヒアリングする機会がありましたが、「(『MACHITERASU』を見て)こんな企業があるなんて」という声を聞くことができました。

どこでも自分の思ったような働き方ができる。仕事を作ることだってできる。そんなことを発信していきたいと考えています。

株式会社上代　代表取締役社長

遠藤みさとさん

鳥取県西伯郡伯耆《ほうき》町の、どぶろく醸造所「上代《かみだい》」の社長を務めています。

「源流どぶろく上代」は、全国どぶろく大会で最優秀賞に輝いたこともある銘酒ですが、経営陣の高齢化により2021年、廃業寸前にまで追い込まれました。

地元でまた一つよいものがなくなってしまう。寂しい。私は小さい頃からこの会社の酒米の田植えに参加していたこともあり、どぶろくが好きになっていました。

会社を継ぎたいと名乗りをあげたところ、なんと社長に就任することになりました。

鳥取県で生まれ育ち、地元が大好きで、地域活性化に取り組みたいとずっと考えていました。高校卒業後は大阪の大学へ進学しましたが、3年の夏に取り組んだのが、米子市内の「DARAZ CREATE BOX」での1カ月限定のタピオカドリンク専門店「me Cafe」でした。

「いなかでは何をやっても……」そうあきらめている友人が多かったので、そんなことはない！と、可能性を示したかったんです。

「喜八プロジェクト」の活動拠点、米子市内の元銀行内のスペース。起業家や新規創業者が実験的にビジネスを展開することができる。

「me Cafe」には予想以上に多くの人たちが集まり、高校生もたくさん来てくれました。当時、高校生だった子が「大学生って、あんなことができるんだ！」と一念発起して、大学生になった今、地域に根づいた活動を続けています。自分の気持ちが伝わっていたんだとうれしくなりました。

私は酒造りについてはまったくの素人ですので、今は現場で修業中です。愛される上代にしたい。そして地元をもっと盛り上げていきたい。自らの挑戦が、あとに続く誰かの挑戦になればと思っています。

株式会社そらまめらんど　代表

福井桂さん

松江市で障がい者の雇用支援事業をしています。「障がい者」と聞くと、腫れ物に触るような、何も負荷を与えてはいけない的な考え方が多くあるように思います。しかしそれでは、仕事ができる人材には成長しません。

やり方や考え方をしっかりと教え、努力する環境を作り、社会の中心で活躍できる人材に育てていく。今の能力でできる作業にはめていくのではなく、生産性を求める視点で、「成長」のための負荷をかけた育成を行っているのは、同業者の中でもウチぐらいでしょう。

養護学校の卒業生や、20代の若者は、入社後、社員寮に必ず入ってもらいます。規則正しい生活リズムのもと、仕事はもちろん、人が成長する過程の土台作りに大切な運動と勉強もしながら、正しく負荷をかけます。

そんな彼らの「仕事作り」には苦労してきました。この2年は本当に苦しかった。でも、幸いにもモルツウェル（204ページ）の野津積社長とお会いすることができ、今はそちらの仕事をどんどんやっています。

サービス付き高齢者住宅の厨房に入り、モルツウェルが提供する調理済み真空食材を、盛付けし、再加熱をして、提供する仕事です。食事後は食器の洗浄もあります。そんな業務を1日3回365日続けています。

障がいには、身体障害・精神障害・知的障害・発達障害などの種別があり、その中にもさらに、重度・中等度・軽度と区分があります。人によって必要な支援は十人十色ですが、軽度知的障がいの子たちや、発達障害の子たちは、本人も、支援する僕らも、両方ともあきらめずにしっかりと取り組んでいけば必ず伸びて、自立して仕事ができます。考え方は単純、「苦手なものにこそ立ち向かえ」です。今、苦手なものは避ける風潮がありますが、そこにこそ伸びる土台があるのです。

今、世の中は人材不足といわれていますが、人材はいます。障がい者は働く力を持っています。問題は学ぶ場がないことです。ウチがその場として先駆けとなり、障がい者がどんどん輝き始めれば、少しは世の中を変えていけるかなと思っています。

県庁職員

中西咲貴《さき》さん

島根県庁の職員ですが、好奇心旺盛なので、YouTubeで島根を世界に知らせたり、山王寺（雲南市）の棚田で耕作放棄地の開墾をしたり、全国の公務員が集まる「オンライン市役所」のパーソナリティを務めたり、いろんなことをやっています。

大学1年のとき、アメリカに4カ月ほど留学して、自分の小ささを知るとともに、何をやってもなんとかなるとポジティブになれました。

また、3年のときは広島で西日本豪雨の直撃を受け、ボランティアに参加すると、志が高く、温かい人たちに出会って衝撃を受けました。土砂かきをしていましたが、ボランティアセンターの立ち上げに関わり、その運営に携わることもできました。

現場があって、プラットフォーム（センター）が運営できる。島根県庁を選んだのは、現場もプラットフォームも行き来できるから。ボランティアの経験で、人を活かせるのは行政次第だと実感したこともあります。

私は兵庫県の出身ですが、島根は祖父母が暮らしていたので子どもの頃からよく滞在していました。自然が豊かで歴史や文化もあり、何より自分に合っていると思えました。

YouTubeでは、独断と偏見で島根の人を選んで紹介しています。英語の字幕をつけるのは海外の人にも見てもらいたいからです。

日曜日の朝は英語クラスを運営しています。同世代だけでなく高校生も大学生も一緒に学んでいます。

（野津）直生くんとは、島根にルーツを持つ人のための「大学生スタートアップゼミ」を企画しました。

モットーは「島根から世界へ」です。島根を世界の未来の震源地にできたらいいなと。志の高い人たちと新しいことを起こす瞬間が一番楽しいですね。

「島根から世界へ」と言い続ければ、同じ思いのキーパーソンと出会えて、つながっていけると思います。今は点ですが、それがいつか線になればいいなと思っています。

おわりに

本書の企画をスタートさせたのが令和元年12月頃でした。最初の説明会を令和2年3月に益田、浜田、大田、出雲、松江で開催しました。順調な滑り出しと思っておりましたが、その後、新型コロナウイルス感染症の拡大により企画が完全にストップしてしまいました。移動もままならない中、県内企業のみなさまに企画を紹介することもできず、本当に出版できるのか不安な時期が続いたことを覚えております。それから足掛け4年でやっと出版にこぎつけることができました。ご協力いただきました多くのみなさまのお陰と感謝しております。また、掲載企業のみなさまにおかれましては、出版予定が大幅に遅れましたことを心からお詫び申し上げます。

コロナ禍は、社会に大きな変化をもたらしました。飲食業、観光業など大きな影響を受けた業種がある一方で、新たなビジネスチャンスをつかんだ企業も少なくないと思います。また、人々の価値観にも大きな変化をもたらしました。リモートワーク、兼業・副業の解禁などにより、働き方そのものの価値観が大きく変化してきました。みなが都市部への人口集中への限界を感じ始め、持続可能な生活、働き方はどのようなものなのかの模索が始まってきています。

まさに、コロナを契機に地方への回帰が始まろうとしています。山陰合同銀行の山崎徹頭取が、この地域は「課題の先進地域」と表現しておられます。その課題にどのように答えを出していくのかが問われています。本書では、島根県の女性活躍支援や子育てサポート、山陰合同銀行の森林保全活動や青少年育成活動など、多くの取り組みが紹介されています。すでに地方回帰への受け皿が整っているように感じました。


企画を進める中で、東西に長い島根県の特徴を痛感する場面がありました。私どもの営業エリアでもある島根県東部は、顔なじみの企業のみなさまも多く、比較的順調に企画が進んでいたのですが、島根県中・西部は、知り合いも、足を運ぶ機会も少なく苦戦を強いられました。一時は、出雲の国（島根の東部エリア）だけで出版しようかとも思ったぐらいでした。しかし、島根県全域の企業を紹介しなければ、「島根の注目30社」企画の意味がないとの思いから企画を進めてきました。

特に、全国の大学に進学した島根県出身の子どもたち（学生）が自分の学校の図書館でこの本を手にしたとき、もし自分のふるさとのまちの企業が紹介されていなければ落胆するだろう——。そんな姿を思い浮かべると、島根県内の拠点都市の企業が掲載されていることが必須条件だと考えました。一つひとついただきましたご縁をつなぎ合わせながら掲載企業を増やしていき、島根県内6市及び隠岐の企業、計30社のみなさまに掲載を決めていただき、うれしく思っております。

最後になりましたが、本書の出版にあたり山陰合同銀行の山崎徹頭取をはじめ地域振興部のみなさま、日本海信用金庫の永田真司常勤理事（取材当時）をはじめとする職員のみなさまほか、多くの方々にご協力をいただきましたことをこの場を借りて御礼申し上げます。

2023年4月

遠藤 彰（えんどう・あきら）

株式会社BEANS 代表取締役CEO。鳥取県米子市出身。1988年明治大学商学部卒業。1996年中小企業診断士 経済産業省登録。2010年金融機関から独立し、コンサルティング会社coaching office BEANS 創業。地元金融機関に22年間勤務、支店長を経て退職後独立。コーチングコミュニケーションをベースにP.F.ドラッカーの「経営管理手法」とA.アドラーの「個人心理学」を融合させた「対話型人財育成」で企業の経営サポートをしている。2013年より次世代リーダー育成のための異業種交流型勉強会『豆塾』を主宰し、500人以上の経営管理者を地域に輩出している。また、金融機関時代から関わっている喜八プロジェクトやDARAZ FM 、源流どぶろく上代などの地域活性化プロジェクトのコーディネートを続けている。

一般社団法人鳥取県中小企業診断士協会　代表理事　会長
特定非営利活動法人喜八プロジェクト　理事長
株式会社DARAZコミュニティ放送 取締役 経営企画室長
株式会社上代　取締役　経営企画室長
鳥取大学医学部 非常勤講師
国際コーチ連盟プロフェッショナル認定コーチ
一般財団法人生涯学習開発財団 認定マスターコーチ
一般財団法人生涯学習開発財団 認定ワークショップデザイナー

著書等　『鳥取の注目15社』（ダイヤモンド社）、『大山・出雲e-共和国』（今井出版）、『やる気を引き出すマネジメント』（全国信用金庫協会，雑誌『信用金庫』連載）

※本書に掲載されている情報は、取材当時のものです。
現在とデータが異なる場合もありますのでご了承ください。

「ご縁の国」の絆で、“今”そして“未来”を変える挑戦
上の句編　島根の注目30社

2023年5月16日　第1刷発行

著　者――遠藤 彰
発行所――ダイヤモンド社
〒150-8409　東京都渋谷区神宮前6-12-17
https://www.diamond.co.jp/
電話／03･5778･7235（編集）　03･5778･7240（販売）
装丁――――有限会社北路社
執筆協力――山本明文
編集協力――古村龍也（Cre-Sea）
校正――――阿部千恵子
制作進行――ダイヤモンド・グラフィック社
印刷――――加藤文明社
製本――――ブックアート
編集担当――今給黎健一

ISBN 978-4-478-11369-1